W0083591

Peter Thomas

Frau Wirtins frivoler Nachlass

⁓ Lustvolles ⁓
aus dem
Sprüchebeutel

EULENSPIEGEL VERLAG

ISBN 978-3-359-02301-2

© 2011 Eulenspiegel Verlag, Berlin
Umschlaggestaltung: Buchgut, Berlin, unter Verwendung einer
Zeichnung von Félicien Rops
Druck und Bindung: GGP Media GmbH, Pößneck

Ein Verlagsverzeichnis schicken wir Ihnen gern:
Eulenspiegel · Das Neue Berlin Verlagsgesellschaft mbH & Co. KG
Neue Grünstr. 18, 10179 Berlin
Tel. 01805/30 99 99
(0,14 E/Min., Mobil max. 0,42 E/Min.)

Die Bücher des Eulenspiegel Verlages
erscheinen in der Eulenspiegel Verlagsgruppe.

www.eulenspiegel-verlag.de

Ich habe mein Bett schön geschmückt
mit ägyptischen Teppichen.

Komm, lass uns genug buhlen bis an den
Morgen und lass uns der Liebe pflegen.

 Sprüche Salomos, 7. Kapitel ᐁ

Inhalt

Wir Spätsünder 11

Neues von Frau Wirtin

Die Lust an der Lahn 23
Sündige Verwandtschaft 26
High-Tech and Low-Sex 30
Genießer und Versager 33
Tierfreuden 38
Barkundschaft 40
Zuviel des Guten 43

Ver(d)erbte Balladen

Die sechs Schneppen 47
Donna Blanca von Kastilien 49
Frau Agnes 56
Der Furz auf der Wiese 62
Pfui, was ist das? 65
Das auslaufende Fass 68
Frau Zinthia 70
Rosettchen 73
Missverständnis 74

Irren ist männlich

Machos Klagelieder 79

Auf sündigen Pfaden 88

Pfaffenfreud und -leid 104

Andere Länder, andere Titten 115

Lob des Handwerks 120

Oden an die Freude

Idyll 131

An Robert I und II 132

Das kostbare Glied 134

Tanzduett 136

Jagdgründe 137

Vogelfang I und II 138

Ri ra rutt 141

Hahnenkampf 143

Ulricus und Babettchen 144

Nachterlebnis 145

Abwärtsblicke 145

Laterndl 147

Venus lacht 148

Mein Kittelchen 149

Vom Fegeln 152

Ich kroch auf allen Vieren 153

Auf zum fröhlichen Blasen 155

Mägdeschau I bis III 156

Bums vallera!

Süddeutsch 161
Mitteldeutsch 166
Norddeutsch 175
Österreichisch 178

Frau Wirtins kleines Sexikon

Von A wie Aha-Erlebnisse bis Z wie Zoten 183

Eros im Bücherschrank

In medias res 211
Teufel Eros 216
Ein Herr Voegelin 220
Philänis vs. Frau Wirtin 224

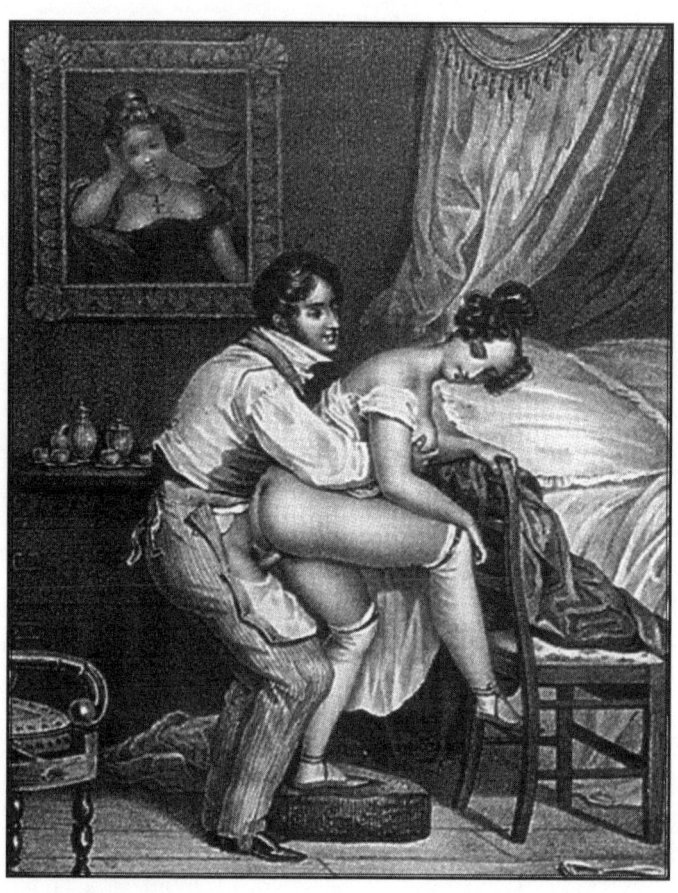

anonym, um 1830

Wir Spätsünder

Essen und Trinken sind die drei schönsten Dinge des Lebens, sagt der Volksmund. Mit einem Gestus größter Harmlosigkeit. Und schon ist sie da, die Sexplosion in jenen Bereichen unseres Gehirns, welche für die Lustgefühle zuständig sind. Und die auf den ganzen Körper ausstrahlt – von den Haarwurzeln bis in die Zehenspitzen.

Frivoler Wortwitz als stimulierendes Element unserer alltäglichen Gefühlslage – was ist der Homo sapiens doch für ein von Naturtrieben besessenes Geschöpf! Die großen Literaten haben uns dafür Beschreibungen vorgegeben. »Himmlisch war's, wenn ich bezwang / meine sündige Begier, / aber wenn's mir nicht gelang, / hatt' ich doch ein groß Pläsier«, bekannte der spottlustige Heinrich Heine. Und Johann Wolfgang von Goethe, der Olympier in Weimar, rückte das verklemmte gesellschaftliche Getue seiner Zeitgenossen zurecht mit der Bemerkung: »Was gibst du dir mit Lieb und Ehre / Und andern Dingen so viele Pein! / Wenn ein tüchtiger Schwanz nur wäre, / Die Weiber würden sämtlich zufrieden sein.«

Das gemeine Volk reimte immer auf eigene Weise. Und Sie, liebe nicht mehr ganz junge Leserinnen und Leser, werden sich erinnern: Das ging auch zu Ihrer Zeit quer durch die ganze Gesellschaft. In sangesfreudiger Runde verballhornten Sie einst die Rigoletto-

Arie »Ach wie so trügerisch sind Weiberherzen / sind keine Männer da, / nehmen sie Kerzen«. Fürs Grammophon erwarben Sie auf Vinyl die zweideutigen Couplets von Helen Vita wie: »Ich geb' dir meinen Muff ...« In den Kneipen grölte man die Hans-Albers-Variante: »Fahr mich in die Ferne, mein blonder Matrose, / bei dir will ich sein ohne Hemd und Hose.« Und im Radio machte noch Anfang der sechziger Jahre ein Schlager Karriere, der versprach: »DIN A Sex im Büro hebt das Arbeitsniveau.«

Viel cooler Rat zu geiler Tat. Es fällt auf, dass eine Altersgruppe, die man heute unter dem Code 60 plus zusammenfasst, sich immer noch gern solchen Witzgutes bedient. Da kommen Erinnerungen auf an subkulturelle Vergnügungen einer Jugendzeit ohne Pille und Pornoshop, als das Wort geil fast noch als obszön galt und kaum literaturfähig war, geschweige denn nutzbar als Werbeträger.

Es waren Generationen, die es nötig hatten. Christlich-bürgerliche Anstandsgebote versahen alles uneheliche Sexuelle mit dem Makel des Unzüchtigen. Schon leidenschaftliches Küssen in der Öffentlichkeit konnte ein Fall für die Sittenpolizei sein. Die Angst vor unerwünschten Schwangerschaften tat das ihre. Leiderfahrene Mütter warnten ihre Töchter: Männer wollen immer nur das Eine. Aber die jungen Frauen wollten es ja eigentlich auch. Und so zog sich unsere Großelterngeneration, wenn zu Hause nicht SFB (sturmfreie Bude) angesagt war, in jener fernsehlosen Zeit knutschend in das Dunkel der letzten Reihen der Kinos zurück. Und gönnte sich auf dem Heimweg das, was man heute einen One-night-stand nennt: in feuchten Parkanlagen und zugigen Hausfluren – oft mit üblen Erkältungsfolgen. Für allfälliges Missgeschick hatte der Volksmund aber auch Tröstliches zur Hand: Von mancher Nummer hat man zwar nichts, aber man bleibt schön gelenkig.

Denn unter der Hand – oder wie man damals lieber bildlich sagte: unter der Bettdecke – blühte hemmungslose Verbalerotik. Moritaten über gefallene Mädchen gehörten zum eher noch harmlosen Unterhaltungsteil. Mit steigendem Alkoholpegel sprossen Macho-Ferkeleien und Wortsauereien, nicht selten veredelt mit bürgerlichem Bildungsgut. Verse und Sprüche, die jeder Zensor auf dem Index hatte und die dennoch ihre literarische Qualität bis heute gegen die Pornoschwemme auf dem Buchmarkt zu behaupten imstande sind.

Das gilt vor allem für die mündliche Überlieferung. Für eine Nachwelt, die sich Hardcore aus dem Internet herunterladen kann und sich womöglich kaum mehr vorzustellen vermag, wie lebensfroh ihre Großelterngeneration ferkelte. Die besten Stücke verdienen es durchaus, schriftlich festgehalten zu werden.

»Frau Wirtin hatte einen Knecht«, hieß das erste kleine lüsterne Handbuch in der Reihe, die sich mit dieser sehr speziellen Art von Volkskunstschaffen befasst. Es folgte »Frau Wirtins Gemäldegalerie« mit bildlichem erotischem Sammelgut aus jener Zeit. Der überaus große Zuspruch beim Lesepublikum fordert nun einen weiteren Band geradezu heraus. Auf diesem Gebiet, so scheint es, sind aller guten Dinge drei. Es gibt sogar Sammler, die meinen, man solle da gleich bis sex zählen.

Der Autor dieser kleinen lüsternen Trilogie bekennt, einer Generation anzugehören, die diese Art Folklore einst mit roten Ohren der Erwachsenenwelt abgelauscht und später mit Wohlgefallen selbst weitergegeben hat: in Vorstadtkneipen, auf Kegelbahnen, bei Gartenfesten, im Studentenklub, im Jazzkeller. Solcher Textvorlauf hilft ihm bis heute, in Seniorenheimen und auf bierseligen Altstudententreffen herauszuhören, was immer noch an frivolen Sprüchen kursiert und mit neuen Tönen versehen worden ist. Folklore mit Nostalgieeffekten, gern auch zum Gebrauch für die Jüngeren auf Vereinsfeiern und Familienfesten mit womöglich umwerfenden Effekten unter den weiß Gott nicht prüde gewesenen Altvorderen.

In den Wirtinnenversen wurde (und wird!) das Bedürfnis nach erotischer Subkultur wohl aufs Üppigste ausgelebt. Das Wirtshaus an der Lahn als Sündenpfuhl der entfesselten Alltagsfantasien, fünfzeilig gereimte Sinnenlust, leicht merkbar und somit mündlich gut vermittelbar. Es heißt, dass in fröhlichen Männerrunden schließlich mehr als tausend Strophen über das Treiben im Wirtshaus an der Lahn umliefen. Und alle Generationen, seit Marburger Studenten vor 150 Jahren den Anfang machten, sollen dabei mitgereimt haben, samt zeitgenössische Dichter. Sicher ist: Auch heutzutage sind die Verseschmiede, die sich an Frau

Wirtin versuchen, noch lange nicht am Ende ihrer sexuellen Fantasien angelangt.

Die deutsche Kneipenfolklore schwankt zwischen Ruppigkeit und verschämter Zärtlichkeit. Luftikusse, Leichtlebige, Lebensfrohe kämen auf kürzerem Wege zum Orgasmus, behauptet die Gilde der Psychologen und Soziologen. Zumal wenn es sich um das handelt, was der Volksmund Seitensprung oder Fehltritt nennt. Kopflastige Menschen hätten oft zu wenig Bettschwere. Das stimmt offenbar nur bedingt. Zumindest die Sexfolklore ist seit jeher gesättigt von einem hohen Anteil intellektueller Pointen. In den Versen von Frau Wirtin ist nicht weniger bürgerliches Bildungsgut verarbeitet als in den großen Spottgeschichten über den Tempelpuff von Ramses dem Ägypterkönig und über die Ferkeleien des einstigen Frontsoldaten Bonifazius Kiesewetter in den Salons der Gräfin Ziegler.

Hier aufgesammelt sind neue Fundstücke. Beigetragen haben dazu auch einige begeisterte Leser des ersten und des zweiten Bandes. Konrad M. schreibt aus Radebeul: »Die ersten Wirtinnenverse habe ich im neunten Schuljahr von Kassenkameraden gehört, solchen, die ältere Brüder hatten. Einer von ihnen entdeckte damals, es war im Jahr 1949, im Schreibtisch seines Vaters eine riesige Sammlung von Wirtin- und Bonifazius-Kiesewetter-Versen aus dessen Studienzeit. Leider war alles in Gabelsberger-Stenografie geschrieben, so dass der Schatz nicht mehr gehoben werden konnte. Neue Wirtinnenverse konnte man bei allen Gelegenheiten erfahren: Ich erinnere mich an einige Übernachtungen in Notquartieren westdeutscher (1955) und ostdeutscher (1956) Jugendherbergen, zum Beispiel am Frankfurter Römer oder in einem Wirtshaussaal in Bad Frankenhausen am Kyffhäuser. Dort wurden ohne Rücksicht auf müde Wanderer schweinische Witze, vor allem aber Wirtinnenverse, bis zur Morgendämmerung vorgetragen – eine Art Fortbildungskurs in Sachen Frau Wirtin.«

Und Dr. L. H., ansässig in Berlin, bekennt: »Mit übergroßem Vergnügen habe ich das Buch ›Frau Wirtin hatte einen Knecht‹ gelesen. Auch ich habe alte Bekannte wiedergetroffen, den Sanitätsgefreiten, Bonifazius Kiesewetter u.a.m. In viel, viel früheren Jahren (ich bin Jahrgang 45) hatte es mir Frau Wirtin angetan. Glücklicherweise habe ich meine kleine Sammlung von 50 Versen nicht verworfen. In der Absicht, diesen Reichtum noch zu mehren, darf ich Ihnen – sozusagen als Dankeschön – Ihrem Bukett an Versen ein kleines ergänzendes Sträußchen hinzufügen und wünsche, dass Sie an dem Beitrag ebenfalls Ihre helle Freude haben.«

Soweit unser Hinweis auf die Mittäterschaft von Liebhabern der ersten beiden Wirtin-Bände an dieser dritten Sammlung. Hinzugefügt sind Fundstücke aus vielen anderen Quellen, vornehmlich seltenen Drucken aus privaten Bibliotheken. Eine bunte Textmischung aus fast einem Jahrtausend lasziven deutschen Volkslied- und Volkssprücheschaffens – von Carmina Burana bis Donna Blanca von Kastilien. Gestandenes

Volkslied ebenso wie einst indizierte Kopfkissenliteratur, verschämte Salonreimereien ebenso wie mündlich überlieferte Kneipensudeleien.

Literaturfreunde seien vorsorglich gewarnt: Hier gelten nicht die moralischen Zwänge, die einst deutsche Aufklärer und deutsche Romantiker wie Gottfried Herder und Clemens von Brentano ihren Sammlungen verordnet haben. Hier wird frei wiedergegeben, was Handwerksburschen auf der Walz, Soldaten im Feldlager, Matrosen auf See und Studenten auf dem Kommers gesungen haben. Das fabulierende Volk hat sich beim Thema Sex nie um guten Ton bemüht oder schamhafter Wortzensur unterworfen. Diesen Reimern galt nichts als bedenklich oder gar als unflätig und schmutzig.

Einer aus der bürgerlichen Gelehrtenschar, der das früh akzeptierte, war der Philologe Ludwig Sahr. »Das Volkslied steigt hinab in alle Tiefen des Menschenherzens«, notierte der Folkloresammler. »Es scheut das Gebiet der Sinnlichkeit so wenig wie das Fragen über Gott, Leben und Tod; es dient jedem Feste, jeder Bruderschaft. Die Zunft voller, ja viehischer Zecher, Schlemmer und Faulenzer hat so gut ihre Lieder wie die übermütige Tafelrunde der Martinsgans und wie die zerknirschte Schar fanatischer Geißler.« (Das deutsche Volkslied, Leipzig 1905)

Zu dieser Zeit, da auch die Wirtinnenverse ihre erste große Blüte erlebten, formierte sich an den deutschsprachigen Universitäten eine kleine tapfere Garde von Verteidigern des vermeintlich so obszönen

Volksmunds. Der Wiener Literaturwissenschaftler Friedrich Krauss und seine Mitarbeiter – fünf Ärzte, ein Folklorist, ein Ethnologe und ein Kulturhistoriker – publizierten ab 1904 Reime, Rätsel, Schnurren, Sprichwörter und Volkslieder in ihren »Jahrbüchern für folkloristische Erhebungen und Forschungen zur Entwicklungsgeschichte der geschlechtlichen Moral«, genannt »Antropophyteia«. Sigmund Freud, der berühmte Revolutionierer der Psychoanalyse, würdigte das später mit der Bemerkung: »Ich habe in meiner Studie über den Witz ausgeführt, dass die Aufdeckung des sonst verdrängten Unbewussten in der Menschenseele unter gewissen Veranstaltungen zu einer Quelle der Lust und somit zu einer Quelle der Witzbildung werden kann.«

Zweifellos beförderte Freuds Wirken damals den seriösen Umgang mit dem scheinbar unseriösen Volksliedgut. Der Krauss-Schüler Emil Karl Blümml veröffentlichte ab 1906 mehrere Bände »Erotische Volkslieder aus Deutschland und Österreich«, darunter drei besonders wertvolle Funde: die Schamperlieder (schampare = mittelhochdeutsches Wort für unzüchtig), die Aufzeichnungen des Leipziger Studenten Christian Clodius aus dem Jahr 1669 und Liederhandschriften des fränkischen Fräuleins von Crailsheim aus den Jahren 1747 bis 1749. Hans Ostwald, ein Journalist aus Vorpommern, der in seiner Jugend als Handwerksbursche im Landstreichermilieu zu Hause gewesen war, gab im Jahr 1910 in Berlin seine »Lieder aus dem Rinnstein« heraus. Der bayrische

Heimatdichter Georg Queri folgte ein Jahr später mit »Kraftbayrisch«. Ein Münchner Dr. Fröhlich brachte 1919 einen Privatdruck mit dem Titel »Das Goldene Buch gereimter Erotik« unter die Leute. Ein weiterer Österreicher, namens Leo Schidrowitz, publizierte 1921 in seinem Ein-Mann-Verlag die Sammlung »Das schamlose Volkslied«, worin er freilich allzu wollüstige Formulierungen des Volksmundes gegen unverfängliche Ausdrücke tauschte, um den Zensoren keinen Vorwand zu liefern, dies als pöbelhafte Schmutzflut zu verbieten.

Allen diesen Liedsammlern sei Dank. So mancher der von ihnen geretteten Texte hat in dieses Buch Eingang gefunden. Nachweisbares aus folgenden Sammlungen ist jeweils angemerkt:

Antropophyteia, um 1830
Erotische Volkslieder aus Deutschland
    und Österreich, 1903
Fräulein von Crailsheim, 1747–1749
Goldenes Buch der Erotik, 1919
Liederbuch des Johann Hutter, 1873
Kraftbayrisch, 1911
Liederbuch des Johann Porzer, 1906
Lieder aus dem Rinnstein, 1910
Tabacologia, 1649
Schamloses Volkslied, 1921

Hier kommt Hardcore auf Altdeutsch, auf dass auch der von virtuellem Sex überflutete Mensch der neuen Neuzeit sein Ergötzen daran finde. Wir lernen nebenher: Sex war schon lange vor der sexuellen Revolution in aller, in fast aller Munde. Wir Nachgeborenen sind eigentlich nichts anderes als Spätsünder. Denen es durchaus Freude machen kann, an den verbalen Ausschweifungen unsere Vorfahren noch einmal lustvoll teilzuhaben.

Neues von Frau Wirtin

Berthomme de Saint André, um 1930

Das Wirtshaus an der Lahn im Wandel der Zeiten: Einst Raststätte der Fuhrleute, dann Fixpunkt studentischer Sexfantasien. Und die Verseschmiede sind immer noch am Fabulieren. Disco und Kondome haben Einzug gehalten in Frau Wirtins kleinen Pornokosmos. Das Vokabular macht den Trend zur Moderne mit. Die Rede ist vom Vögeln, Ficken, Bumsen, Poppen und Stechen.

Die Lust an der Lahn

Es lockt das Wirtshaus an der Lahn,
vorbei gelangt dort kaum ein Mann
und dies aus gutem Grunde:
Des Hauses lustbetonter Ruf,
der bleibt in aller Munde.

Frau Wirtin ist ein scharfes Weib
und liebt den geilen Zeitvertreib.
Sie muss sich nicht vermählen,
zu vögeln hat sie stets genug.
Ich werd es euch erzählen:

Frau Wirtin streift schon in der Früh
durch ihre Fotogalerie.
Dort prangen lauter Nackte.
Das sind die Kunden letzter Nacht,
geblitzt bei ihrem Akte.

Tobt abends dann bei ihr der Tanz,
hält es zu Hause keinen Schwanz,
es kommen auch Senioren.
Nur wer sich's lieber selber macht,
hat bei ihr nichts verloren.

Die Kellnerin bumst wundervoll,
nur treibt sie's manchmal etwas toll,
Vorsicht ist da von Nöten.
Erst neulich gingen einem Gast
dabei die Eier flöten.

Die Tresenfrau ist Spezialist
im Blasen, wo sie Meister ist,
schluckt jeden Sack mitsamt dem Pimmel.
Und wem das steife Horn sie bläst,
der ist im siebten Himmel.

Am Mischpult lauert ein DJ,
der ist im Stehfick ein Genie,
sanft hebt er die Gewänder
den Mädchen an der Treppe hoch
und poppt durch das Geländer.

Und oben wartet ein Computer,
das ist ein programmiertes Luder.
Um jedermann zu necken,
druckt er versaute Texte aus,
die Sinneslust zu wecken.

Aufs Geld sind alle nicht bedacht,
sie vögeln, weil's Vergnügen macht,
und außer für das Zechen
ist höchstens für das Blasen mal
ein Ehrensold zu blechen.

Spät in die Kammern ziehn zurück
die Mägde sich vom Dauerfick.
Die strapazierten Punzen,
die salbt der Hausknecht gründlich ein,
damit sie nicht verhunzen.

Dann spritzt er sorgsam hinterdrein
noch eine Kanne Essig rein.
So schrumpft des Nachts die Möse,
die ausgedehnt vom Vögeln ist,
zurück zur alten Größe.

Nachdem die Gäste sind hinaus,
löscht man im Haus die Lichter aus.
Doch was sie gar nicht wissen:
Die Sitte heischt nach altem Brauch:
Das Licht wird ausgeschissen.

Nur an der Decke brennt noch Licht,
bis dorthin streichen Fürze nicht.
Drum tut's des Hausknechts Schnecke:
Sie löscht mit ihrem Wasserstrahl
die Lampen an der Decke.

Im Morgengraun hat's mancher satt.
Der Saft, den er gelassen hat,
zehrt an den stärksten Knochen.
Schon mancher ist im Dauerstress
total zusamm'gebrochen.

Frau Wirtin schwirrt dann früh um vier
als Krankenschwester durchs Revier.
Und kommt sie zur Visite,
dann heben bei den Männern sich
die Decken in der Mitte.

Sündige Verwandtschaft

Frau Wirtins erster Ehemann,
der konnte, was nicht jeder kann:
auf Dauer koitieren.
Das hielt er durch die ganze Nacht,
dann tat er onanieren.

Frau Wirtins zweiter Ehemann,
der klopfte tags schon bei ihr an.
Hatt' sie was anderes im Kopfe,
dann sprach er listig: Rate mal,
womit ich wohl hier klopfe!

Frau Wirtins dritter Ehemann,
der kam nur selten bei ihr dran,

weil sie den Wechsel liebte,
und nach perfektem Stundenplan
mit ihren Gästen übte.

Frau Wirtins vierter ist beim Zoll
und findet diesen Dienst ganz toll.
Dort sucht er zum Exempel
bei jedem, der die Grenze kreuzt,
am Sack den Eierstempel.

Frau Wirtins Schwester, eine Nonn',
die poppte stets nur mit Kondom.
Das musste sie entgelten.
Gebar ein Kind mit Gummihaut.
Der Fall ist äußerst selten.

Frau Wirtin hatte noch zwei Schwestern,
die waren beide nicht von gestern,
den Gästen immer willig.
Doch wenn es ans Bezahlen ging,
dann war's nicht grade billig.

Frau Wirtin hat auch einen Sohn,
der kann's in jeder Position.
Sehr liebt er das Moderne.
Er steckt den Schwanz ins Telefon
und vögelt in die Ferne.

Frau Wirtins zweitgeborner Sohn,
der wollt's mit vierzehn Jahren schon.

Was tat die kleine Fratze?
Er bohrte sich ein Loch ins Bett
und vögelt die Matratze.

Frau Wirtin selbst schont ihren Diwan,
darauf hat sie's noch nie getan.
Doch ihre Tochter Röschen
riskierte mit dem Hausknecht dort
schon manches kleine Stößchen.

Frau Wirtins zweites Töchterlein,
das ist zum Fiedeln noch zu klein,
doch muss sie das nicht reuen.
Wenn einer bei Mamachen liegt,
spielt sie an seinen Eiern.

Frau Wirtin lernte von der Muhme
das Einmaleins vom Pfaffentume.
Und ging sie dann zur Beichte,
trug stets sie ein Kondom bei sich,
das war nachher sehr feuchte.

Frau Wirtins fromme Großmutter,
die liest so gerne Martin Luther.
Doch ist sie strikt dagegen,
dass zwei Mal in der Woche nur
der Mann sein Weib soll fegen.

Frau Wirtin hat auch einen Schwager,
der ist vom Vögeln schon sehr hager.

Der Pint will nicht mehr stehen.
Drum bindet sie ein Stöckchen rum,
dann tut es wieder gehen.

Frau Wirtin hat noch einen Schwager,
der teilt mit ihr nicht gern das Lager.
Das lässt sie sehr verzagen.
Wer onaniert, der spart viel Geld,
hört sie den Schwaben sagen.

Frau Wirtins Neffe kam aus Baden,
sein Schwanz war immer scharf geladen.
Er schonte nicht die Tante,
warf gleich sie auf das Ehebett
und nahm sie von der Kante.

Frau Wirtin hat auch eine Nichte,
die tut es gern mit einem Lichte.
Einmal hat sie's zu toll getrieben,
da ist vom ganzen Kirchenlicht
nichts als der Docht geblieben.

Frau Wirtins geiler Onkel Franz
ist stolz auf seinen Riesenschwanz.
Die Nichten mag er leiden,
und wenn er guter Laune ist,
lässt er sie darauf reiten.

Frau Wirtin hatte einen Ohm,
der nahm die letzte Ölung schon.

Doch mitten im Effekte,
zerrt er Frau Wirtin auf sein Bett,
beglückt' sie und verreckte.

High-Tech and Low-Sex

Frau Wirtin mag Automation,
die gibt's nun auch im Wirtshaus schon.
Ein Elektronenschieber
knöpft jedem Gast die Hose auf
und zieht den Präser drüber.

Frau Wirtins fixer Konstrukteur,
der stellt die Vibratoren her
für Männer und für Weiber.
Frau Wirtin fragt: Ist das nicht Quatsch?
Ein Bums braucht warme Leiber.

Frau Wirtin nutzt statt ihrem Finger
gern diesen kleinen Freudenbringer.
Und hält sie Kaffeestunde,
dann macht der Selbstbefriediger
wohl sieben Mal die Runde.

Frau Wirtins Doktor der Physik,
der macht nicht jede Sitte mit.
Nebst Spaltung von Atomen
erfand er einen Apparat
zur Sprengung von Kondomen.

Frau Wirtin fährt nur Citroën,
in dem geht es besonders schön.
Denn kommt sie in Erregung,
macht die Hydraulik automatisch
die Koitusbewegung.

Frau Wirtin zeltet dann und wann
mit einem flotten Campingmann.
Der ist gut ausgestattet,
so dass sein Schwanz das Zeltdach hebt
und sie dann noch begattet.

Frau Wirtin war mal in Madrid
und machte einen Stierkampf mit.
Und als der Kampf beendet,
lud sie sich den Torero ein.
Den hat sie dann geschändet.

Frau Wirtin hatt' einen Tibeter,
der teilte sie mit einem Vetter.
Doch damit nicht zufrieden,
hat sie sich täglich an ihr Bett
zehn Lamas noch beschieden.

Frau Wirtin hütet einen Schrank
schon über sieben Jahre lang.
Drin hebt sie als Probatum
viertausend Top-Kondome auf,
geordnet nach dem Datum.

Frau Wirtin hat auch einen Stein,
den nimmt sie mit ins Bett hinein
und legt ihn dann beim Ficken
zur Förderung der Schwingungskraft
dem Partner auf den Rücken.

Frau Wirtin hat 'ne Cola-Flasche,
die trägt sie stets in ihrer Tasche.
Kommt's nicht zum Koitieren,
kann hinterher in Ruhe sie
mit dieser onanieren.

Frau Wirtin hat ein Kruzifix,
damit sticht sie sich in die Büchs,
es hat viel bunte Bänder.
Wenn das der liebe Herrgott sieht,
dann kriegt er einen Ständer.

Frau Wirtin hat ein Hightech-Klo,
dort wird verwöhnt ein jeder Po.
Setzt man sich auf die Brille,
bewegt sich gleich ein Federwisch
und putzt auch mit die Nille.

Frau Wirtin hatte eine Kerze,
die mussten Gäste – nur zum Scherze –
bevor sie mit ihr schmusten,
mit einem klanglich saubren Furz
versuchen auszupusten.

Frau Wirtin hat auch ein Skelett,
das nimmt sie manchmal mit ins Bett.
Nach solcherlei Entsetzen
weiß sie die pralle Fleischeslust
besonders hoch zu schätzen.

Frau Wirtin testet ein Patent,
das außer ihr noch keiner kennt.
Nach jedem guten Ritte
ertönt in lieblichem Sopran:
O. K., der Nächste bitte.

Genießer und Versager

Frau Wirtin hatte einen Pfaff,
der onanierte wie ein Aff.
Er drehte, rieb und rollte
und schlug noch mit der Bibel drauf,
wenn es nicht kommen wollte.

Frau Wirtin hatte einen Knecht,
der war ein Zwitter von Geschlecht,
den zierten Schwanz und Punze.
Des Morgens trieb er's als Marie,
des Abends als Herr Kunze.

Frau Wirtin hat einen Gesell,
der kann es ganz besonders schnell.

Kaum ist sie gegenwärtig,
schiebt er den Pint ihr drei Mal ein
und macht sie sechs Mal fertig.

Frau Wirtins flotter Gastarbeiter,
der ist im Bett ein guter Streiter.
Er macht ganz selten Pause.
Jedoch bezahlen tut er nie,
er schickt das Geld nach Hause.

Frau Wirtin hat auch einen Doktor,
dem sagt sie öfter was ins Ohr.
Und tut er dann erröten,
was allerdings sehr selten ist,
schlägt sie ihm auf die Klöten.

Frau Wirtin hat einen Dozent,
der Kerl ist gänzlich impotent.
Er kriegt nur einen Weichen,
den legt er abends in sein Buch
als Porno-Lesezeichen.

Frau Wirtin hat ein' Orthopäden,
als Spezialist für Haltungsschäden,
tut der es gern im Stehen.
Dabei steckt er im Stahlkorsett,
das müsstet ihr mal sehen!

Frau Wirtin braucht viel Varianten,
drum holt sie sich gern Musikanten.

Und einer, ungelogen,
lockt schrillste Töne aus ihr raus
mit seinem Fiedelbogen!

Frau Wirtin liebte einen Star,
der von der Opernbühne war,
doch wenn der koitierte,
dann nur vor großem Publikum,
das höflich applaudierte.

Frau Wirtin hatte 'nen Student,
der übte für das Fach med. dent.
Er maß ihr auf die Möse
und machte einen Gipsabdruck.
Jetzt fickt er die Prothese.

Frau Wirtins geiler Praktikant
wollt' mit dem Penis durch die Wand.
Er schwor bei allen Teufeln,
dass er beim Joggen bumsen könnt,
doch das ist zu bezweifeln.

Frau Wirtin schläft mit einem Clown,
das ist possierlich anzuschaun.
Nachts klettert er mitunter
an seinem Ständer in die Höh
und winkt zur Möse runter.

Frau Wirtin nahm mit einem Maat
zur Sommerzeit ein Sonnenbad.

Der Kerl war gänzlich tätowiert.
Er gab mit seiner Vorhaut an,
das hat sie nicht geniert.

Frau Wirtin saß am Teich verquer
mit einem flotten Angeler,
der hing an sein Gemächte
sich eine extra Angelschnur
und fing die dicksten Hechte.

Frau Wirtin hatte einen Flieger,
bekannt als Schallmauer-Besieger.
Wenn's oben bei ihm knallte,
dacht er an eine Jungfernhaut,
worauf sein Latz sich prallte.

Frau Wirtins fixer Geldbriefträger
ist wohlbekannt als Glückserreger.
Statt Trinkgeld anzunehmen,
ist er auf schnelle Nummern aus.
Die Post soll sich was schämen!

Frau Wirtins geiler Landvermesser,
der meint, er könne alles besser.
Doch hat sie sich gewundert,
als er im Liebesspiel nicht kam
bei Stellung siebenhundert.

Frau Wirtin hat 'nen Sekretär,
der bumst, als ob es gar nichts wär,

sie fünf Mal in der Stunde.
Dann gibt sie ihm ein Abendbrot.
Er bleibt ein treuer Kunde.

Frau Wirtin hat 'nen Rechtsanwalt,
der rückt, auch wenn es noch so kalt,
ihr fickrig auf die Pelle.
Und wenn es ihm nicht glücken will,
dann sagt er: Bagatelle!

Frau Wirtin hat 'nen Refrendar,
dem fehlt nun unten schon das Haar.
Will er mit ihr mal ficken,
dann trägt er zur Verschönerung
an Kopf und Schwanz Perücken.

Frau Wirtin hat 'nen Ethnologen,
dem bleibt trotz Alter sie gewogen.
Er trägt an seinem Gliede
'nen Reizring, made in Papua,
so wird er niemals müde.

Frau Wirtins fleißigster Lakai,
der war Eunuch in der Türkei.
Sie kaufte ihm rechtzeitig
zwei buntbemalte Ostereier,
so ging es wieder leidlich.

Frau Wirtin nahm sich 'nen Javanen,
was der dann trieb, konnt keiner ahnen.

Bald gab es ein Geraune,
denn er bediente alle Fraun
mit seiner Amoklaune.

Frau Wirtin hat 'nen alten Herrn,
der treibt's mit ihr besonders gern.
An ihrem Heimatorte,
da gilt er noch als Achtziger
als Inhaber der Rekorde.

Tierfreuden

Frau Wirtin hatte einen Hahn,
das war ein rechter Fickrian,
der schaffte dreißig Hennen.
Dann stand er noch auf einem Bein,
ich würde das nicht können!

Frau Wirtin hatte einen Floh,
der saß ihr gern auf dem Popo.
Und wenn sie nächtens fickte,
kroch er ganz nah zur Grotte hin,
sah lächelnd zu und nickte.

Frau Wirtin hatte einen Hund,
der war am ganzen Penis wund.
Weil er, was er nicht sollte,
an einem Frühlingsvormittag
den Bordstein vögeln wollte.

Auch eine Ziege, die war da,
die vögelte der Großpapa.
Hei, wie das Tierlein meckerte,
wenn sich der gute alte Herr,
das frische Hemd bekleckerte.

Frau Wirtin hatte einen Affen,
der machte ihr ganz schön zu schaffen,
da half auch kein Ermahnen.
Er kaute jeden Männerschwanz,
die hielt er für Bananen.

Frau Wirtin hatte einen Schwan,
dem war sie ehrlich zugetan,
doch einmal ward sie böse.
Als sie die Leda spielen wollt,
biss er sie in die Möse.

Frau Wirtins bunter Papagei,
der tat nur selten einen Schrei,
er sang auch keine Lieder.
Nur wenn sie schnell nach oben ging,
rief er: Jetzt tut sie's wieder!

Frau Wirtin hielt sich einen Spitz,
der lag so gern an ihrer Ritz'.
Drum machte sie ihn später,
als ihr der Mann gestorben war,
zu seinem Stellvertreter.

Frau Wirtin nahm sich einen Stier,
der wurde gleich ihr Lieblingstier.
Er durfte nach den Kühen,
wenn dort er seine Pflicht getan,
sich auch bei ihr bemühen.

Frau Wirtins treuer Elefant,
der drückt sie heut noch an die Wand
und macht ihr's mit dem Rüssel.
Wenn sie sechs Mal gekommen ist,
verlangt sie: Noch ein bissel!

Barkundschaft

Frau Wirtin führte eine Bar,
die ein getarnter Puff nur war.
Dort gab es zwanzig Damen,
auf die im Schnitt in jeder Nacht
zehn Staatsminister kamen.

Zuerst erschien ein Herr aus Bonn,
der schrieb sich vorn und hinten ›von‹.
Er wollte es nur ›ohne‹.
Ihn scherte, da er ja immun,
der Tripper nicht die Bohne.

Manchmal tritt auf ein General,
dem steht er nur im Jahr einmal.
Zum Zeichen, dass er geile,

trägt er an seinem Hodensack
die Tapferkeitsmedaille.

Frau Wirtin hat ein Kanapee
drauf poppt sie mit der SPD,
doch nur mit jungen Bengels.
Die Alten sitzen nebenan
und lesen Marx und Engels.

Frau Wirtin ging zur CDU
und machte sich bekannt im Nu,
sie fragte, wer noch könnte.
Ein Senior, dem das missfiel,
rief: Keine Experimente!

Frau Wirtin traf nen FDPler,
der spielte gleich den scharfen Wähler.
Doch als es sollt passieren,
da knickte ihm der Ständer um.
Was sind das für Manieren!

Frau Wirtin hat 'ne Bowlingbahn
in ihrem Gasthaus an der Lahn.
Am Abend geht man kegeln.
Doch nur wer alle Neune wirft,
der darf die Wirtin vögeln.

Frau Wirtins Lover kommt aus Bayern
mit Löwenbräu in seinen Eiern.
Lässt sie sich von ihm stopfen,

dann riecht sie aus dem Halse bald
nach Malz und auch nach Hopfen.

Frau Wirtins geiler Sauerländer,
trägt abends einen Dauerständer,
und stilbewusste Damen,
die hängen ihre Hüte dran,
getrennt nach Rang und Namen.

Frau Wirtin einen Sachsen kennt,
ein wahres Mannes-Monument.
Sein Pint ist so was Hartes,
dass sie daran auch schaukeln kann.
Ist das nicht was Apartes?

Frau Wirtin hat auch einen Schwaben,
der will es ordentlicher haben.
Am liebsten liegt er unten
und hat als Spritzschutz um den Leib
ein Spitzentuch gebunden.

Frau Wirtin hatte einen Freund,
nach dem sie heut noch manchmal weint.
Er hat sie sehr umworben.
Doch zehn Mal täglich war zu viel,
daran ist er gestorben.

Zuviel des Guten

Frau Wirtin spielt im Puff gern Skat
mit Männern, die sie gerne hat.
Dabei darf niemand mogeln.
Nur wer den Grand mit Vieren schafft,
der darf sie gratis vogeln.

Doch wer da denkt, er schaut nur zu,
der irrt, man lässt ihm keine Ruh'!
Pflicht ist es, mitzuficken.
Und wer sein Pensum nicht mehr schafft,
der lasse sich nicht blicken!

Frau Wirtins treuer Archivar,
ein Sammler ihrer Verse war.
Er kannte zwei Millionen
und landete im Irrenhaus.
Gott möge uns verschonen!

Frau Wirtin führte selbst auch Buch,
wo jede Nummer sie eintrug.
In ihren besten Zeiten,
da lag im Jahresdurchschnitt sie
so bei sextausend Seiten.

Frau Wirtins Herr Finanzberater –
an dunklen Stellen gerne kramt er.
Prüft er bei ihren Mädchen

den Umsatz, so entgeht ihm nicht
das kleinste Samenfädchen.

Frau Wirtin hat sich auch notiert,
was sie am meisten hat schockiert.
Das sind die Wirtin-Verse.
Sich damit ständig aufzugeiln,
das geht schon ins Perverse.

Den Mann, der solche Verse macht,
der kommt als Schwein leicht in Verdacht,
doch das ist nicht erheblich.
Moral ist, wenn er's weiter tut
– sonst sucht man sie vergeblich!

Wer hat wohl dieses Lied gemacht?
Studententreff um Mitternacht –
beim Wein solch Verse reifen.
Und wem die Strophen nicht gefalln,
dem sollte man die Eier schleifen!

Ver(d)erbte Balladen

anonym, um 1850

Schaurig-schön tobt sich die deutsche Kneipenfolklore durch die Jahrhunderte in Balladen aus. Sechs Huren, die der Volksmund Schneppen nennt, preisen ihre Wonnetäler. Donna Blanca erwischt ihre Zofe in flagranti mit dem Hund und nutzt die Gelegenheit zum Sexpartnertausch. Frau Agnes greift dem fremden Kinonachbarn in die Hose und erfährt Erfüllung, als der Cousin sie besucht.

Die sechs Schneppen
(Antropophyteia)

Preisend mit viel schönen Reden
ihres Körpers Wonnetal,
saßen sechs der schönsten Schneppen
einst in einem Bordellsaal.

Ach, mein Vötzchen, sprach die Erste,
ist mit Haaren rings besät.
Wer es sieht, der möchte vögeln,
ob ihm gleich der Schwanz nicht steht.

Und die meine, sagt die Zweite,
ist so eng, dass sicherlich,
jeder glaubet, der mich vögelt,
er macht einen Jungfernstich.

Und die meine, sagt die Dritte,
ist von Rotzen immer nass,
dass die Schwänze nur so rutschen,
wie in einem Butterfass.

Du hast's gut, sagt da die Vierte,
da stets meine trocken ist.
Doch will's Schwänzchen nicht recht rutschen,
wird ein wenig draufgepisst.

Und die Fünfte laut sich rühmte:
Lang mein Kitzler ist und dick,
dass ich gleich mit euch könnt machen,
wie ein Mann den schönsten Fick.

Und die Sechste kratzte lächelnd
auf dem Sofa sich das Loch,
sagt: »Ihr mögt euch noch so rühmen,
meine übertrifft euch doch.

Meine hat den Bart nicht riesig,
ist behaart so ganz normal,
nicht zu weit und nicht zu enge,
grade recht für jeden Fall.

Nicht zu nass und nicht zu trocken,
wirkt sie Wollust jederzeit,
dass der Kitzler nicht zu lange,
das war keinem jemals leid.

Doch das muss ich euch verkünden:
eines ist mein größtes Glück,
dass, wird einmal sie gestoßen,
sie drei Stöße gibt zurück.«

Und es rufen alle Schneppen
aus in lieblichem Verein:
Ja, du hast das beste Vötzchen,
lass nur recht viel Schwänz' hinein!

Donna Blanca von Kastilien
Kneipenfolklore, 20er Jahre

Donna Blanca von Kastilien
hat zwei Schenkel, weiß wie Lilien.
Und dazwischen, wie zum Trotze,
eine rabenschwarze Votze.

Dieses Döschen, haargeschmückt,
hat noch keinen Mann beglückt.
Keiner hat es je befühlt
oder gar daran gespielt.

Oft jedoch in dunkler Nacht
Donna Blanca ruhlos wacht.
Denn ein Schauder bis zum Zeh
hüllt sie ein in wildes Weh.

Ach, mit brennend heißer Lust,
streichelt sie sich ihre Brust,
und mit ihrer schönen Hand
kreist sie um des Döschens Rand.

Ihren Finger, zart und klein,
kriegt sie nicht ins Löchlein rein.
So beschließt sie zu erkunden,
was sie immer stört, da unten.

Nimmt sich einen Spiegel halt
und blickt in den Liebesspalt.
Was sie da erregt erschaut,
das ist ihre Jungfernhaut.

Donna Blanca sagt sich keck:
Dieser Störenfried muss weg!
Und besorgt sich resolut
eigens einen Fingerhut.

Doch da dieser viel zu klein,
steckt sie eine Kerze ein.
Großer Gott, erbarme dich!
Schmerzhaft fühlt sich an der Stich.

Rot sieht nun das Lichtlein aus,
Donna Blanca sieht's mit Graus.
Was sie dann im Spiegel schaut,
sind nur Reste ihrer Haut.

Tupft ihr Döschen eilig trocken,
plötzlich hört sie leises Locken,
und ein Knurren zeigt ihr an:
Nero tut was nebenan.

Neugier treibt sie an die Tür,
und dann sieht sie dieses Tier.
Was ein Bild, das sie erblickt!
Die Zofe wird vom Hund gefickt.

Dick und rot ist seine Rute,
Zöfchen kommt das sehr zugute.
Heftig schaukeln ihre Brüste,
Nero stillt ihr die Gelüste.

Donna Blanca, ganz im Bann,
starrt nur ihre Zofe an,
die sich auf den Rücken streckt,
während Nero unten leckt.

Plötzlich Stille, nichts mehr lockt.
Nero hat sich ausgebockt.
Schluss ist mit dem Hundvergnügen,
Zöfchen muss sich darein fügen.

Doch es ist noch nicht zu Ende,
Ohren haben diese Wände.
In der Tür steht Blanca nackt,
wie Gott sie geschaffen hat.

Zöfchen, fühlen wir nicht beide
brennend Kitzeln in der Scheide?
Komm, lass uns ins Bette eilen
und dort alle Wonnen teilen!

Zöfchen, noch vom Schreck gelähmt,
merkt, dass sie umsonst sich schämt,
sieht an Donnas Leib und Augen,
dass die auch zur Wollust taugen.

Beide sind bald fest umschlungen,
kitzeln sich mit ihren Zungen.
Hintern weiß im Dunklen blitzen,
artig schaukeln ihre Zitzen.

Und die Körper zucken, toben,
wilde Spiele, unten und oben,
bis es an der Zunge klemmt,
Zofe macht sich fast ins Hemd.

Endlich strecken sie die Glieder;
Schlaf drückt auf die Augenlider.
Nächsten Tags erscheint bei Hofe
Donna erst mal ohne Zofe.

Schlendert auf und ab im Garten,
kann den Abend kaum erwarten.
Als die Sonne sich dann neigt,
Blancas Geilheit wieder steigt.

Als sie sich im Bett befindet,
und in geilen Träumen windet,
Titt' und Döschen pudelnackt,
wird sie von einem Mann gepackt.

Denn im selben Schlosse haust,
heimlich wie der Doktor Faust,
mit 'nem Schwanze wie ein Pferd,
der edle Ritter Kunibert.

Hat am Fenster nachts gelauscht
und sich am Gestöhn berauscht.
War sogleich zur Tür geeilt,
hat durchs Schlüsselloch gepeilt.

Hat die Herrin nackt erblickt,
wie sie mit der Zofe fickt.
Schlafend dann, der Welt entrückt,
hat sie ihn noch mehr entzückt.

Mit dem Döschen, fein und zart,
liebesfeucht und schwarz behaart.
Dankbar würde er sich zeigen,
könnt auch er mit ihr mal geigen.

Nein, da würde er nicht stümpern,
besser als die Zofe pimpern.
Möcht's bei seinem Sacke schwören:
Einmal muss sie ihn erhören!

So schleicht Ritter Kunibert
nachts zur Donna ungehört.
Zeigt voll Stolz ihr sein Gerät.
Ein Götteranblick, wie der steht!

Einen Augenblick sie ringt,
dann entscheidet der Instinkt,
zieht ihn an sich, dass sie fühlt,
wie es sich mit Rittern spielt.

Und er stößt mit Manneskraft
in das Döschen seinen Schaft:
Will ihr Freudenspender sein,
schiebt die Eier hinterdrein.

Gierig packt er ihre Brust,
und sie schwelgt in Liebeslust.
Blancas Döschen zuckt und zischt,
ihrem Po ein Furz entwischt.

Das stört dieses Fickduell,
schnell erschlafft ist Kunis Quell.
Donna Blanca ist in Not:
Plötzlich ist das Füllhorn tot.

In der Hand hat sie die Kraft,
die Toten neues Leben schafft.
Während er noch selig träumt,
Kunis Lanze sich neu bäumt.

Er tritt an zur zweiten Schlacht
dieser tollen Liebesnacht.
Hebt sie auf sich, seitverkehrt,
sie genießt es unbeschwert.

Kauert sich wie eine Henne
für den Hahntritt auf der Tenne.
Lernt bei Kunis Dauerfick
alles für ihr Liebesglück.

Schiebt sich seinen prallen Spund
lechzend in den offnen Mund.
Lockt ihn lutschend in ihr Bad,
kaut dem Ritter einen ab.

Kunibert, stets Kavalier,
revanchiert sich geil dafür.
Als sein Schwanz im Mund ihr steckt,
zärtlich er das Döschen leckt.

Wie sie sich in Wollust bäumte,
ahnte sie, was sie versäumte,
als sie nur am Döschen puhlte
und allein im Bett sich suhlte.

Amor ward in jener Nacht
manches Opfer dargebracht.
Blanca war nun fest entschlossen:
Jetzt wird jeder Kerl genossen.

Will nicht mehr, was viele müssen,
die Möse haben nur zum Pissen!
Gönnt sich Lüste, wo es geht,
wo auch immer einer steht!

Frau Agnes
Kneipenfolklore, 30er Jahre

Frau Agnes war ein holdes Weib,
gepflegt und vollschlank war ihr Leib.
Sie hatte Brüste schwer und prall
und einen schönen Wasserfall.

Frau Agnes zählte dreißig Lenze,
ihr Lebensinhalt waren Schwänze.
Ob stramm, ob schlaff, ob groß ob klein,
die Agnes schob sie alle rein.

Kein Pimmel war vor Agnes sicher,
denn immer ging sie ran wie Blücher.
Sie kannte jeden Nuttentrick,
von Handbetrieb bis Tittenfick.

Sie wohnte ganz allein im Haus,
vor Geilheit hielt sie's meist nicht aus.
Ward sie geplagt von Liebesweh,
fickt' sie sogar mit dem Portier.

Sie hatte schon als junge Braut
an manchem Spund herumgekaut.
Drum war sie keinem Manne böse,
griff er ihr schmeichelnd an die Möse.

So kam es, dass sie sich vergaß,
als sie einmal im Kino saß,
und zitternd ihre zarte Hand
den Weg zu ihrem Nachbarn fand.

Sie fuhr dem Manne neben ihr
voll Wonne durch die Hosentür.
Um mit Gekitzel und Gestreichel
zu spielen an der fremden Eichel.

Sie hätt' auch gern daran geleckt,
doch vorher hat man das entdeckt.
Frau Agnes ist in hohem Bogen
aus diesem Kino rausgeflogen.

Dann kam der Vetter zu Besuch,
sie tat, als lese sie ein Buch,
und hat dabei den armen Jungen
mit ihren Blicken schon verschlungen.

Als er sich setzte, still und stumm,
sprach sie: Ich ziehe mich nur um.
Sie lächelte dabei ganz geil
und wippte mit dem Hinterteil.

Nach kurzer Zeit ging auf die Tür
und nackend trat die Frau herfür.
Sie trug nur eine Perlenkette
und rauchte eine Zigarette.

Auf dass der Junge sie verführt,
war'n ihre Titten parfümiert.
Auch aus der schwarzen Liebesgruft
entstieg ein schwüler Veilchenduft.

Der Vetter stotterte und schluckte,
als er die Base sich beguckte.
Sie aber rieb sich wie im Traume
schon selig an der Liebespflaume.

Der Junge sah beschämt zu Boden,
mit steifem Schwanz und heißen Hoden.
Er hatte ja noch nie gefickt,
drum war er äußerst ungeschickt.

Er schielte zu dem schwarzen Moos
und fragte sich: Wie mach ich's bloß?
Sie litt nicht lange das Geglotze
und bot ihm dar die feuchte Votze.

Dabei sprach sie: Du lieber Bube,
wir sind allein in dieser Stube.
Ich knöpfe dir die Hosen auf,
lass deinem Lümmel freien Lauf.

Sie lächelte mit roten Lippen
und ließ zum Spaß den Busen wippen.
So machte sie ihn immer freier
und drückte zärtlich seine Eier.

Dann griff sie sich an ihre Brüste,
als ob es jetzt schon kommen müsste,
und forderte: Aus Nächstenliebe
spendier mir deine Liebesrübe!

Die Vorhaut schob sie hin und her,
als ob es Dienst am Kunden wär.
Den kleinen Finger sacht am Sack,
bereit zu jedem Schabernack.

Sie warf sich stöhnend auf den Rücken
und ließ ihn in die Spalte blicken.
Dabei ergriff sie seinen Schwanz
und wichste ihn geschickt auf Glanz.

Die Beine spreizte sie nach hinten,
so war die Möse leicht zu finden,
und sagte: Leck mich nicht zu knapp,
sonst kneif ich dir den Ständer ab.

Vor nichts brauchst du dich zu erschrecken,
bist du erst mal am Honigschlecken.
Kannst unbesorgt und gründlich naschen,
ich hab sie eben erst gewaschen.

Vor Gier verdrehte sie die Augen
schon beim Gedanken an das Saugen.
Der Vetter dachte: Wegen mir
soll sie doch haben ihr Pläsier.

Er knetete die prallen Brüste,
gepackt von wildem Brunstgelüste.
Sein Lecken wurde immer schneller,
die Zunge ging wie ein Propeller.

Frau Agnes wand sich wie ein Aal
und griff nach seinem Wonnepfahl.
Von geilen Flammen heiß durchglüht,
massierte sie ihm Sack und Glied.

Und plötzlich, aus des Vetters Pfahl,
ergoss sich ihr ein heißer Strahl.
Benetzte sie mit weißer Sahne,
und sie hielt fest an der Banane.

So bot sie ihm ihr feuchtes Loch
und kreischte wild: Oh, gib's mir doch!
Den Schaft nahm sie in ihre Hand
und schob ihn ins gelobte Land.

Da fing er an, wie toll zu reiten.
Er krallte sich in ihre Seiten.
Sie zog ihn tief ins Loch hinein
und stöhnte laut: Jetzt ist er mein!

Sie vögelten mit voller Kraft
und schwammen bald in ihrem Saft.
Doch dann, erschöpft vom vielen Ficken,
begann er auf ihr einzunicken.

Da machte sie aus ihrer Brust
geschickt ein Tal für neue Lust.
Und klemmte seinen Schwanz dazwischen,
um seinen Pegel aufzufrischen.

Sie forderte, schon ganz benommen:
In diese Enge musst du kommen.
Jetzt sollst du meine Titten scheuern,
um mich noch einmal anzufeuern.

Das machte ihn erst richtig toll,
er spritzte das Gesicht ihr voll.
Er nahm sie nun von vorn und hinten
und konnte keinen Schluss mehr finden.

Unmäßig schien jetzt dieser Bube,
er trieb sie vögelnd durch die Stube
und warf sie auf den Bettvorleger,
sein Schwanz, der wurde immer reger.

Die Base schrie bei jedem Stoß:
Ich sterbe, Hilfe, lass mich los!
Er hörte nicht auf ihr Gewimmer
und fickte sie im Herrenzimmer.

Er schleppte sie auf den Balkon,
es war das zehnte Mal wohl schon.
Dazwischen schlug, man glaubt es kaum,
er einen wilden Purzelbaum.

Es trug der Vetter seinen Speer
als Lustgestänge vor sich her,
doch leider, bei dem letzten Stoß,
war Agnes schon besinnungslos.

Der Pfarrer nannt' an ihrem Grabe
die Liebe eine Gottesgabe.
Und auf dem Grabstein steht geschrieben:
Ich ward geboren, um zu lieben.

Dazu der Spruch: Ich starb ganz selig,
doch meine Möse juckt mir ewig.
Drum deckt mein Grab mit Schwänzen zu,
sonst find im Sarg ich keine Ruh.

Der Furz auf der Wiese
(Fräulein von Crailsheim)

Ich ging auf einer Wiesen
mit meiner Rosolis.
Was wir einander hießen,
war jedem wohl bewusst.
Was wir einander gaben,

das war mehr als ein Kuss.
Weh dem, der's nicht kann haben
und dennoch lieben muss,
der ist ein Hasenfuß.

Wir lagen in dem Grünen
und pflegten unsre Lust.
Ich durfte mich erkühnen,
zu küssen ihre Brust.
Das Kleidchen stand ihr offen,
es war mir nichts verwehrt,
was ich mit so viel Hoffen,
so lange Zeit begehrt;
die Votz blieb unbewehrt.

Sie lag mit beiden Händen
um meinen Hals geschränkt.
Sie sprach: Nun wird sich wenden,
was uns bisher gekränkt.
Mit großen Liebesschmerzen
sah ich nach ihrem Schoß.
Ich sprach: Halt, lass mich scherzen,
den Kummer wirst du los;
der Zipfel ist schon bloß.

Sie schwor zu tausend Malen,
dass ich mich nicht geirrt.
Ich bräucht nicht zu bezahlen,
was ihr beraubet wird.
Der Marmor ihrer Brüste

erhub sich unterm Flor.
So oft ich sie nur küsste,
so kam sie mir zuvor;
der Schwanz stand vor dem Tor.

Es schwollen auf die Ballen,
so oft ein Seufzer kam,
und mussten wieder fallen,
so oft sie Atem nahm.
Als nun das stille Lieben,
ohn alles Hindernis,
von uns war satt getrieben,
da seufzte Rosolis,
vor Angst ein' Furz sie ließ.

Die Zeit war schnell verflossen,
ich musste wieder fort.
Schweig! Hast du was genossen,
so sage bloß kein Wort!
Ich schwor ihr hoch und teuer
bei ihrer Augen Schein,
nach diesem Liebesfeuer
werd ich verschwiegen sein,
von solchen Fickerein.

Pfui, was ist das?
(Liederbuch des Johann Porzer)

Pfui, lassen Sie mich gehen,
es könnte uns jemand sehen!
Jeder sieht zum Fenster rein,
lassen Sie die Streichelein!

Machen Sie das Fenster zu
oder lassen mich in Ruh!
Nein, ich kann's nicht länger leiden,
besser ist, bescheiden sein!

Sind Sie doch nicht gar so frei,
gehen Sie weg, oder ich schrei!
Glauben Sie, ich bin keine Hur',
davon gibt es keine Spur.

Sind Sie doch nicht unverschämt,
Sie zerreißen ja mein Hemd!
Und was soll das Küssen sein,
was, ich soll jetzt willig sein?

Sie sind ja wohl ein schlimmer Herr,
Ihnen trau ich nimmermehr.
Nein, das kann ich nicht verzeihn,
weg die Hand, sonst muss ich schrein!

Aufs Bett, das wär nicht schlecht?
Da kommen Sie mir eben recht!
Sie werden mich ja noch erdrücken,
gehen Sie weg, ich muss ersticken!

Weg die Hand, auch weg von mir,
verschließen Sie zuerst die Tür!
Ach, Ihnen ist doch nicht zu glauben,
verschonen Sie mir meine Hauben!

Gehen Sie weg von meinem Schoß,
Ihre Hand ist viel zu groß!
Was soll denn das Fixieren,
Sie werden mir das Bett beschmieren.

Gehen Sie nur, es wird nichts draus,
oder ziehn die Stiefel aus.
Ach, es geht jemand im Gang,
machen Sie's doch nicht so lang!

Ziehen Sie den Vorhang bei,
gehen Sie weg, oder ich schrei!
Langsam sollten Sie sich schämen,
mir das Röckchen aufzunehmen!

Pfui, mein Herr, was ist denn das?
Glauben Sie, umsonst ist so was?
Nein, Sie müssen wir was schenken,
sonst ist gar nicht dran zu denken.

Also los, geschwind herunter,
schieben Sie ein Polster unter,
denn ich liege gar zu tief,
langsam, aber nur nicht schief!

Aber sind Sie denn von Sinnen,
noch ist er ja gar nicht drinnen!
Stoßen Sie ein wenig nach,
so jetzt geht's mit Ach und Krach.

Nicht so heftig einfach drüber,
langsam ist es mir viel lieber,
nur nicht so geschwind,
machen Sie mir ja kein Kind!

Nur kein Kind, ich bitte sehr,
schonen Sie doch meine Ehr!
Das wär eine große Schmach,
langsam, denn ich bin schon schwach.

Langsam erst und dann geschwinde,
hurtig, und dann nur gelinde!
Ach, es kommt, es spritzt schon raus,
ach, ich halt es nicht mehr aus.

Stoßt nur zu, ich bin nicht bös,
bitte schnell noch ein paar Stöß!
Ach, jetzt kommt's auch meiner Fut,
noch einmal, ach war das gut.

Das auslaufende Fass
(Lieder aus dem Rinnstein)

Es hatte ein Wirt eine schöne Magd,
er hat sie gehabt so lieb,
und weil er sie gern juckeln wollt,
war er ein schlauer Dieb.

Er hätte sie so gern verführt,
sie aber hat sich gewehrt.
Sie sagt: »Es geht nicht an,
das tät kein braver Mann.«

Der Wirt, der hatte im Keller drunt
ein Fass Würzburger Wein.
Da hat's halt immer dran gefehlt,
wenn er wollt schenken ein.

Die Frau beschuldigte ihren Mann,
der dachte, es sei die Frau,
daraus wurden beide nicht schlau.
Gewusst hat es keiner genau.

Der Wirt, der kam von ungefähr
einmal im Keller an.
Da traf er seine schöne Magd
im besten Saufen an.

»Ei ei, ei ei, es ist mir lieb,
dass ich einmal erwisch den Dieb.
Jetzt kommt's auf mich bloß an,
dass ich nix sag davon.«

Die Magd, die denkt, was fang ich an,
dass er's der Frau nicht sagt,
sonst werde ich ja auf der Stell
zum Hause rausgejagt.

Damit das nicht passiert,
übt sie nicht Gegenwehr
und sagt zu ihm: »Mein lieber Herr,
da kommen Sie nur her!«

Der Wirt nutzt die Gelegenheit,
wohl eine ganze Stund'.
Die Frau ruft schließlich sorgenvoll:
»Was treibst du denn da unt'?«

»Mein liebes Weib, ich bin so froh,
ich hab das Loch entdeckt,
wo unser Fass ausg'laufen ist,
ich hab was reingesteckt.«

»Verstopf's nur gut, verstopf's nur gut,
ei, du mein lieber Mann!«
»Mein liebes Weib, mein liebes Weib,
ich stopf, so gut ich kann!«

Und nun ist die Geschichte aus,
das Fass ist nicht gelaufen aus,
und hat's noch mal getropft,
so hat er's gleich verstopft.

Frau Zinthia
(Fräulein von Crailsheim)

Als sonstens Zinthia
nicht viel von Vögeln hielte,
womit sie Tag und Nacht
die süße Lust verspielte.
So ging sie in den Wald,
zu sehn den Vogelflug,
den sie gar oft erhascht
bei manchem braven Zug.

Ihr Vogelherd war schön
und lieblich anzusehen.
Man sah auf beiden Seiten
zwei schöne Hügel stehen.
Bei diesem Einzug war
ein Wasser tief verdeckt,
die Spatze hatte sie
mit Spänen fest besteckt.

Da kam ein Fink daher,
er war recht schön zu sehen,
er winkt' mit seinem Kopf,

tat hin und her sich drehen.
Und als er Vogelbeer
auf einem Hügel fand,
so hat er seinen Flug
sogleich dahin gewandt.

Darunter war ein Wald,
dabei ein klein' Lusthaus
gebauet, dass es sah
wie eine Grotte aus.
Aus diesem Tale floss
ein Wasser, tief verdeckt,
sie hatt' es um und um
mit Spänen fest besteckt.

Er pfiff, er hupfete,
er hielt erst sein Getanze,
er war begierdevoll
und wippste mit dem Schwanze.
Er schmeckete hierauf
die schönen Vogelbeer,
er streckt sein Schnäberl aus,
als wann es Honig wär.

Als er nun gessen satt,
den schönen Ort verließ,
begab er sich darauf
ins untre Paradies.
Er hatte aber kaum
sein' Schnabel ausgestreckt

und ihn vor Dunst erhitzt
in jene Quell gesetzt:

Da sprang die Schleuße zu
als wie ein kleines Schloss,
dass ihm's Gehirne gleich
aus seinem Kopfe floss
und er in Ohnmacht fiel
an diesem schönen Ort.
Seine Flügel wurden schlapp
in dieser Muschelpfort.

Als nun die Zinthia
den dicken Finken fangte,
nahm sie ihn lachende
in ihre zarte Hande
und sprach: Wer künftig kommt
auf meinen Vogelherd,
der ist wie dieser Fink
sogleich des Todes wert.

Rosettchen
(Erotische Volkslieder)

Einst fand ich am Sofa Rosettchen,
im Nachmittagsschlummer gewiegt,
noch nie hatt' ich ein Mädchen
so reizend wie sie noch erblickt.

Ich hob verstohlen von hinten
das seid'ne Röckchen empor
und zog es höher und höher,
da blitzte die Mulde hervor.

Da plötzlich erwachte Rosettchen,
stieß weg mich mit zitternder Hand,
und schaute auf mich verlegen
wie auf ihr verschobnes Gewand.

So nimm denn, du Grausamer, sprach sie,
nimm hin, es sei dir gewährt,
doch schwöre, dass mir dein Mund nie
zu einem Verräter einst werd.

Sie nahm das Zepter der Liebe
mit glühender Wange dabei,
dann streckte sie langsam und sachte
die kernigen Schenkel entzwei.

Bald auf und bald nieder es hebte,
es hebte, so fühlt' ich's noch nie,

so göttlich, so seelenvoll wiegte
noch niemals ein Mädchen wie sie.

Wir waren in tiefem Entzücken,
die Opferschale war voll,
und über die schneeweißen Glieder
das Opfer der Liebe hinquoll.

Dann schnitt sie vom heiligen Flecke
ein Büschel Haare sich ab.
Nimm hin, du Bester, sprach sie,
bewahr' es treu bis ans Grab!

Missverständnis
sächsisch

Bei 'ner Hitze von dreißig Grad,
in der Tasche wenig Draht,
kommt ein Sänger gezogen.
Vor dem Wirtshaus, auf der Bank,
liegt die Wirtin jung und schlank,
macht verliebte Oogen.

Denkt der Sänger: Gott verziggich,
dieses Weib ist wirklich üppig!
Kneift sie in die Beene.
Spricht zu ihm das schöne Weib:
Bleiben Sie mir ja vom Leib,
denn Sie sind gemeene!

Darauf zieht er frech und keck
unter ihr die Bank hinweg,
krach, liegt sie im Drecke.
Spricht sie zu ihm: Höre mal,
das leid ich auf keinen Fall,
hau bloß ab, geh wegge.

Während sie sich nicht mehr wehrt,
eine Faust ihm plötzlich fährt
kräftig an den Kragen:
Wart', ich lehr dich, Schweinehund,
dich, verfluchter Vagabund,
an mein Weib zu wagen!

Sagt der Sänger ganz bequem:
Wer'n Se nich' unangenehm,
denn sonst werd ich eklich.
Konnt ich wissen, dass die Sau
hier ist Ihre liebe Frau?
Das ist doch unmöglich!

Habe sie, ich muss gestehen,
für 'ne Schneppe angesehn,
die für jeden Zahler.
Aber, da die Sache so,
bin ich sehr, wie Gottchen, froh,
denn ich spar den Taler.

Doch der Wirt entsetzlich flucht
und zu guter Letzt versucht,

ihn noch zu verhaun.
Auch der Sänger hatte Talg,
schmeißt ihm gleich eins vor den Balg
und dann übern Zaun.

Und zum Abschied reicht galant
er der Wirtin seine Hand,
spricht: Ich muss nun scheiden,
muss von hier jetzt weiterziehn,
denn Ihr Mann kann, wie mir's schien,
gar nicht gut mich leiden.

Irren ist männlich

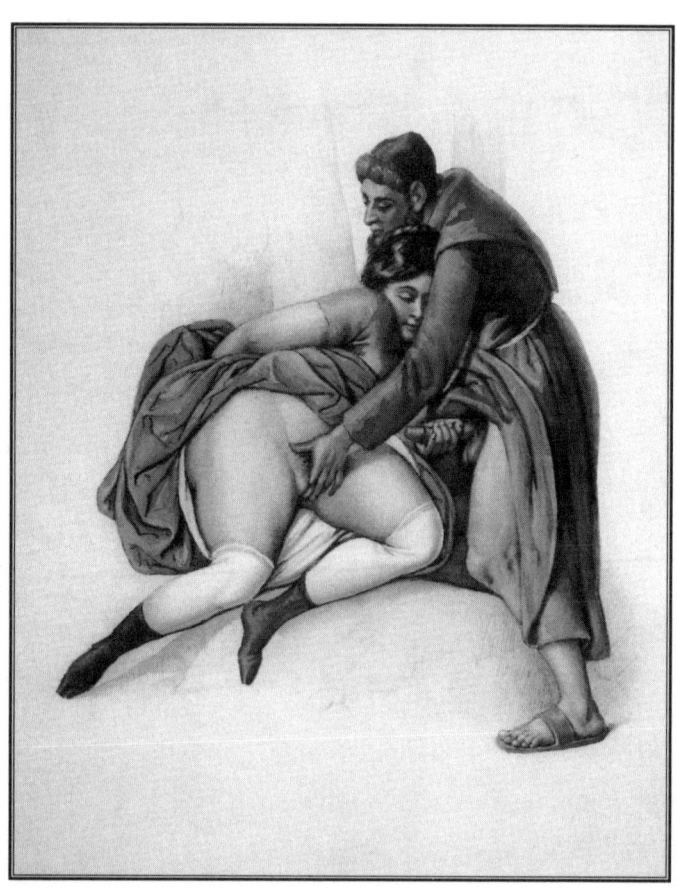

Peter Johann Nepomuk Geiger, um 1840

Liebesfreuden und Liebesleiden, die dem gemeinen Mann unter die Gürtellinie fahren, Melancholie und falsche Tränen, Sprachsauereien und betrogene Ehemänner – wo das gemeine Volk reimend seine Zunge wetzt, bleibt weder Gigolo noch Kuttenträger, weder Jüngling noch Mümmelgreis vom Sexspott verschont. Und dennoch siegt die Lüsternheit.

Machos Klagelieder

Wechseljahre

In tiefer Wehmut dein gedenk ich,
o schöne Zeit des jungen Seins,
da alle Glieder mir gelenkig
und biegsam waren bis auf eins.

Du bist dahin und kehrst nicht wieder,
du schöne Zeit des jungen Seins,
jetzt sind mir ungelenk die Glieder
und steif geworden bis auf eins.

Abgesang
(Goldenes Buch der Erotik)

Impotent, impotent!
Wenn ich's doch noch einmal könnt
wie in der Jugendzeit!
Da war er stets bereit.
Doch das ist nun vorbei,
aus ist die Vögelei.
Er hängt zu meiner Qual
wie ein saurer Aal.

Sellerie, Sellerie!
Wie fraß ich davon doch so viel
und Kaviar fast täglich!
Doch nicht regt er sich,
wenn auch die prallste Maid
vor mir aufhebt ihr Kleid.
Er hängt zu meiner Qual
wie ein saurer Aal.

Klappe zu, Klappe zu!
Mit ihm war es aus im Nu.
Früher, da ging's wie toll,
jetzt keinen Zoll.
Wie wäre es doch so schön,
er könnte wieder stehn.
Er hängt zu meiner Qual
wie ein saurer Aal.

O schöne Zeit (I)
(Goldenes Buch der Erotik)

Als ich ein Bursch von siebzehn Jahr,
ganz arg ich auf die Mädchen war.
Ob hässlich, schief, ob krumme Knie,
nach so was sah ich damals nie.
Hatt' ich klein Glück beim Töchterlein,
fiel ich auch mal bei Muttern rein.
O schöne Zeit, o selige Zeit,
wie liegst du fern, wie liegst du weit!

Es hatte mir einst zugesagt
'ne dicke Magd die ganze Nacht.
Ich schlich zu ihr mich in den Stall,
der Bulle grunzt, er merkt den Fall.
Sie hob die Röcke hoch ganz flink,
allmächt'ger Gott, wie roch das Ding!
O schöne Zeit, o selige Zeit,
wie bist du fern, wie bist du weit!

O schöne Zeit (II)
(Goldenes Buch der Erotik)

Mit einer Dicken macht ich's mal,
da litt ich große Angst und Qual.
Ich schob ihn her, ich schob ihn hin
und dachte schon, ich hätt' ihn drin.
Auf einmal rief sie: Lass es doch,
du bist ja im verkehrten Loch!
O schöne Zeit, o selige Zeit,
futsch war das blaukarierte Kleid.

Als Schnee und Reif an Bäumen hing,
ich einst mit meiner Liebsten ging,
und unterm nächsten Dornenbusch,
da lag ich schon auf ihrem Bauch.
Auf einmal rief sie: Ach, herrje,
ich liege mit dem Arsch im Schnee!
O schöne Zeit, o selige Zeit,
sie trug ein blaukariertes Kleid.

Total verdreckt, o Missgeschick,
so kehrte ich vom Krieg zurück.
Mein Weibchen säubert' gründlich mich,
da hob der olle Bengel sich.
Das, sprach sie lachend, freut mich doch,
der olle Bengel kennt mich noch.
O schöne Zeit, o selige Zeit,
wie bist du fern, wie bist du weit!

Dreißig Mal
Niedersachsen

Witwen, Witwen, Witwen, die sind hübsch und fein.
Sie haben in ihren jungen Jahren
manchen steifen Stoß erfahren.
Manche, manche, manche blutige Schlacht gemacht.
Witwen, die sein hübsch und fein.

Weiber, Weiber, Weiber, die sind auch nicht rein.
Tut der Mann nicht das Haus bewachen,
muss auf seinen Dienst aufpassen,
treiben, treiben, treiben sie die Hurerei.
Weiber, die sein auch nicht rein.

Mädchen, Mädchen, Mädchen, die sind auch recht fein.
Sie sehen, dass sie Männer kriegen,
dann wollen sie stets unten liegen,
wollen, wollen, wollen stets gevögelt sein.
Mädchen, die sein auch recht fein.

Kammer-, Kammer-, Kammermädchen, die sind
    geschwind.
Sie lassen sich ficken wie die Katzen,
dreißig Mal auf einen Batzen
und be- und be- und bekommen doch kein Kind.
Kammermädchen sind geschwind.

O jerum, jerum, jerum!
norddeutsch

O alte Burschenherrlichkeit,
wo bist du nur geblieben?
Wie kehrst du wieder, goldne Zeit,
wo wir noch konnten schieben.
Der Pulversack, der ist jetzt leer
und auch der Hahn, der steht nicht mehr.
O jerum, jerum, jerum,
uns wird ums Herz so schwer drum!

Sah früher man ein Mägdelein
mit rosaroten Wangen,
so brauchte man nicht spröd zu sein,
konnt' stillen sein Verlangen.
Und schon nach ziemlich kurzer Zeit,
da schwelgte man in Seligkeit.
O jerum, jerum, jerum,
uns wird ums Herz so schwer drum!

Doch heut sieht man mit trübem Sinn
nur noch die Jugend tollen.
Bei uns steht nichts mehr davon drin,
wenn wir auch gerne wollen.
Denn uns passiert nicht das Malheur,
wir machen keine Kinder mehr.
O jerum, jerum, jerum,
uns wird ums Herz so schwer drum!

Und dennoch ist es manchmal gut,
dass wir nichts können machen.
So manchem jungen, tollen Blut
passieren schlimme Sachen:
Die Jugend kriegt den Tripper oft
und auch den Schanker unverhofft.
O jerum, jerum, jerum,
uns wird ums Herz so schwer drum!

Die Mümmelgreise
(Goldenes Buch der Erotik)

Liebe Freunde, lasst euch lehren,
ich will hier mal kurz erklären,
was es sei: Ein Mümmelgreis.
Höret also, was ich weiß:

Mümmelgreise, grau und kalt,
körperlich und geistig alt,
meist von dämlichem Verstande,
findet man im ganzen Lande.

Waschen niemals sich mit Seife,
rauchen aus der kalten Pfeife,
schnupfen Tabak aus der Tüte,
tragen alte, schlechte Hüte.

Riechen oft nach grünem Kohl,
fühlen jedoch sich nicht wohl,

wenn sie werden angetroffen
mit der Hosenklappe offen.

Denn die Frau ist schon gestorben,
die Geschlechtskraft ist verdorben.
Und so findet man auch Mümmel-
Greise, welche trinken Kümmel.

Einen Zug aus ihrem Leben
will ich schließlich auch noch geben,
der in ganz besondrer Weise
eigen ist dem Mümmelgreise.

Nur zum Wässern lediglich
dient sein Schnippeldiederich.
Nimmt er ihn hierzu heraus,
geht der Strahl nicht gradeaus.

Auch nicht stolz in kühnem Bogen
spritzen seine Wasserwogen,
sondern träge, halb im Schlafe,
wie beim Ton der Aeolsharfe.

Mit der denkbar größten Ruhe
wässert er sich auf die Schuhe.
Dies ist ein Charakterzug
und ein Merkmal ohne Trug.

Dran man zu erkennen weiß,
stets den echten Mümmelgreis.

Leichenpredigt

Ach, der Tod nahm in der Blüte
ein junges Mädchen süß,
das gewiss aus Lieb und Güte
sich von jedem vögeln ließ.

Hier liegt sie starr gleich einem Klotze,
still und leblos auf der Bahr,
ungespritzt mit ihrer Votze,
die des Schwanzes Lust einst war.

Drum, ihr Männer, widmet Kränze
für das vielgefickte Weib,
da sie Tausende von Schwänzen
hat verschluckt zum Zeitvertreib.

Ruhe sanft, du Vielbeglückte,
oft warst du vom Vögeln matt:
Ruhe sanft, du Vielgefickte,
endlich hast du's Vögeln satt.
Amen.

Auf sündigen Pfaden

Namenspein
norddeutsch

Was für schlechte Worte braucht
heutzutage doch Ihr Herrn
für das Ding, in das Ihr taucht
alle euren Schwanz so gern!

Ach, Ihr nennt es Votze, Möse,
Schnecke, Pumpe, Pflaume, Loch,
Klunte, Kutte, Vögelritte,
Büchse, Schrulle, Muschel noch.

Viele andre schlechte Namen
könnt' ich sagen, doch genug.
Wie dagegen sind wir Damen
doch voll Anstand ohne Trug!

Sagen niemals: Piephahn, Pinsel,
Nille, Schwanz, Schnips, Pfeife, Stift,
Dicker, Struller, Schwengel, Rübe,
Automat fürs Jungfernstift.

Nein, wir nennen diesen Bengel
Lebensquell und Freudenspender,
Herz- und Nierenumumwender.
Und so dürfen wir wohl bitten,
dass jetzt unser liebes Ding,

welches von Euch gern gelitten,
bessre Namen nun empfing.

Nennt es aufgeblühte Rose,
Nadelbüchse, Freudental,
Venusberg, auch wohl Spieldose –
Namen gibt es sonder Zahl.

Und um eins noch muss ich flehen,
bittend dies mein Mündchen spricht:
Sollte mal der Schwanz Euch stehen,
pimpert unterm Taler nicht!

Überraschungsgäste
(Goldenes Buch der Erotik)

Und als der Graf nach Hause kam,
was fand er da? Ei, ei!
Husarengäule standen da,
der eine, die zwei, die drei.
Mein Weib!, spricht er.
Was willst, mein Mann?
Was solln die Gäule da?
Milchkühe sind es ja,
die schickt mir die Mama.
Milchkühe und mit Sätteln drauf?
O Wind, o Wind, o Wind!
Bin ein betrogener Ehemann,
wie viele Männer sind.

Und als der Graf zur Türe kam,
was fand er da? Ei, ei!
Husarenstiefel standen da,
der eine, die zwei, die drei.
Mein Weib!, spricht er.
Was willst, mein Mann?
Was solln die Stiebeln da?
Milcheimer sind es ja,
die schickt mir die Mama.
Milcheimer mit Sporen dran?
O Wind, o Wind, o Wind!
Bin ein betrogener Ehemann,
wie viele Männer sind.

Und als der Graf ins Zimmer kam,
was fand er da? Ei, ei!
Husarenkerle lagen da,
der eine, die zwei, die drei.
Mein Weib!, spricht er.
Was willst, mein Mann?
Was wolln die Kerle da?
Milchmädchen sind es ja,
die schickt mir die Mama.
Milchmädchen mit Bärten dran?
O Wind, o Wind, o Wind!
Bin ein betrogener Ehemann,
wie viele Männer sind.

Und als der Graf ins Bette kam,
was fand er da? Ei, ei!

Husarenschwänze standen da,
der eine, die zwei, die drei.
Mein Weib!, spricht er.
Was willst, mein Mann?
Was soll'n die Schwänze da?
Bratwürste sind es ja,
die schickt mir die Mama.
Bratwürste und mit Eiern dran?
O Wind, o Wind, o Wind!
Bin ein betrogener Ehemann,
wie viele Männer sind.

Windsbraut
(Liederbuch des Johann Hutter)

Die Mädchen sind ja wie der Wind,
sie gehen nur aufs Scherzen.
Heute mir, morgen dir,
zu mein' getreuen Herzen.

Mein schönster Herr, gönn mir die Ehr
in meinen jungen Jahren.
Hier ist der Mund, hier ist die Brust,
hier ist das Ding zum Fahren.

Belieben Sie, belieben Sie,
am Sofa oder Bette?
Es weiß es ja die ganze Stadt,
dass ich die Beste hätte.

Belieben Sie, belieben Sie,
und tun's mich nur probieren!
Geben's mir die Hand,
ich werde sie schon führen.

Das Rätsel der Venus
(Tabacologia)

Rathet, was ist es? Das schneeweiß vom Leibe,
rötlich vom Kopfe, rund, länglich und steif,
das auch im Dunkeln kann treffen die Scheibe.
Stecket in Löcher den spitzigen Schweif,
darin im gleichen ein Löchlein zu schauen,
daraus was Liebliches pfleget zu dauen.

Diese Gruft, drin man das Dinglein muss halten,
ist mit den wertesten Haaren umschränkt,
und wie die Muschel der Venus gespalten.
Wenn dann die Röhre darin wird gelenkt,
dadurch die Männer den Lebenssaft gießen,
pflegt auch aus dieser was Nasses zu fließen.

Männer, die kriegen es her aus den Hosen,
es zu betasten kein Mädchen sich scheut.
Gleichwohl so werden mit schämenden Rosen
öfters die Wangen hierüber bestreut,
wollen auch selten der Männer Begehren
mit Unterwerfung des Willens gewähren.

Sprechen daneben, es will sich nicht schicken.
Jene hingegen, die wissen den Griff,
dennoch damit in die Schranken zu rücken,
und wie ein Steuer nun wendet ein Schiff,
also mit Freundlichkeit in sie zu dringen,
dass sie selbst Feuer zu dieser Glut bringen.

Wenn nun der Stiel von gehöriger Länge
und die Empfindlichkeit innerlich glüht,
sieht man in seiner beliebeten Enge,
wie da der Wollust West ein- und auszieht.
Wie man so sehnlich begierig nach stößet,
recht zu gebrauchen, was man hat entblößet.

Ohn diesen wär es gar nichts nütz,
ein schwarzes Loch, nicht allzu rein,
da steckt man dieses Ding hinein.
Dann gibt es von sich einen Saft,
der viele Wunderdinge schafft,
dass diese weint und jene lacht.

Manch Mädchen nahm es in die Hand,
die es zu brauchen nicht verstand.
Könnt ihr den dunklen Sinn nicht finden,
so ratet. Doch nehmt euch in Acht!
Sonst wird man dem den Mund verbinden,
der früher sprach, als er gedacht.

(Die Schreibfeder)

Der Mühe Lohn

Ich führte sie zum Hofe
und wollte sie bedienen,
doch sie schrie, er war kaum drin:
Es tut mir weh von Ihnen!

Sie ging nun fort und kam wieder.
Wollen, Fräulein, jetzt zur Prob' –
nun wird es wohl besser gehen?
Ich weiß, ich ernte Lohn!

Sie nahm ihn selbst in die Hand
und steckte sich ihn hinein,
und da sie ihn passend fand,
dankte sie und ging fröhlich heim.

(Ein Fräulein probiert
beim Schuster neue Stiefel an)

Hosenplotz

Es diente mir eine Spalte
zum steten Aufenthalte.
Oft zwischen Fleisch und Bein,
da muss ich stramm hinein.
Und ist die Lust gestillt,
so schnapp ich wieder ein.
Um unschädlich zu sein,

schiebt man mich sanft und fein
dann in die Hose ein.

(Das Taschenmesser)

Ich ging zu meinem Mädchen

Ich ging zu meinem Mädchen,
sie streichelt sich ihr Kät-, Kät-,
Kätzchen auf dem Zimmer,
dort streichelt sie sich's immer.

Ich ließ es mich gelüsten,
zu greifen an die Brü-, Brü-,
brillantnen Schnallen,
die zieren sie vor allen.

Ich wollte sie liebkosen,
sie griff mir in die Ho-, Ho-,
hohen, langen Hauben,
ich sollt' es ihr erlauben.

Sie setzt sich auf das Klotze
und zeigt mir ihre Vo-, Vo-,
Furchtbarkeit und Freuden,
ich sollt' es ihr nicht meiden.

Ich führte sie zum Tanze,
sie griff mir nach dem Schwa-, Schwa-,

schwarzen langen Haaren,
die schön gekräuselt waren.

Sie führte mich zur Scheuer
und griff mir an die Ei-, Ei-,
ein Uhr hat's geschlagen,
ich will dich nicht mehr plagen.

Sie legt sich auf den Rücken
und sagt, du hast 'nen di-, di-,
dicken Stock zum Wehren,
es soll uns niemand stören.

Wer dieses nicht will glauben,
der kann mich in Arsch le-, le-,
Leberwurst ist delikat,
wer sie nur zu fressen hat.

Am Schlüsselloch I

In einem Hotel zu Bonn am Rhein,
da kehrte ein junges Ehepaar ein.

Ich wohnte im Zimmer nebenan
und dachte, wer's doch so haben kann.

Ich hörte das Knastern, ich hörte das Knistern,
das machte mich zum Lauschen ganz lüstern.

Das verdächtige Knistern, das dauerte fort,
da nahm eine männliche Stimme das Wort:

»Mein liebes Weibchen, so kann es nicht glücken,
du musst noch mehr dagegen drücken.

Das Hemd, das Hemd, das verwünschte Hemd,
das hat sich schon wieder dazwischengeklemmt.«

Ein Lichstrahl fiel durch das Schlüsselloch,
von Neugier gepackt aus dem Bette ich kroch.

Ich wusste kaum, was mir geschah.
Was meint Ihr wohl, was ich da sah?

Es packte das Pärchen in aller Ruh
für die morgige Reise die Koffer zu.

Am Schlüsselloch II
(Antropophyteia)

Als ich auf Tour in Trier einst war,
da wohnte im Hotel grad neben mir
im anderen Zimmer ein junges Paar,
das just in den Ehestand getreten war.

An einem Sonntagnachmittag,
geruhsam ich auf dem Sofa lag.
Ich hatte zu Mittag reichlich geatzt,
das hört' ich, wie nebenan etwas schmatzt.

Na, denk' ich, im Hotel – ganz schön und gut –,
und lausche, was sich noch weiter tut.
Da höre ich sagen: »O mein Luischen,
ich glaube, es weitet sich schon ein bisschen.«

Das war der Mann, ich höre genau,
was darauf erwidert die junge Frau.
Es knallt ein Kuss, dann ruft sie heiter:
»O ja, lieber Fritz, wir sind schon weiter.«

Ich höre auch, wie das Sofa knackt,
und denke bei mir: Ach, wie vertrackt,
dass einer auf Reisen, wie ich hier,
sich leisten nicht kann ein ähnlich Plaisir.

»O Schatz, nun noch einmal mit Elan«,
so hebt der Kerl da von neuem an.

»Ich drücke«, so stöhnt sie, »doch sehe ich ein,
es ist gar zu eng, er kann nicht hinein.«

So hab ich mich auf die Socken gemacht,
zur Türe bin ich geschlichen ganz sacht.
Das tat mich, vergebt mir, nun sehr interessieren,
ich musste durchs Schlüsselloch spionieren.

Da seh ich, wie sie das Beinchen streckt,
und er sich müht, dass es endlich steckt.
So arbeiten sie beide mit ganzer Kraft,
bis der Fuß endlich passt in Stiefelchens Schaft.

Loch-Polonaise
(Kraftbayrisch)

Einstmals, als ich Grillen fing
und bald auf, bald nieder ging,
musst ich über alle Sachen,
so geschehen, drüber lachen.
Bis ich endlich mit dem Spiel
letztlich auf die Löcher fiel.

Ach, wie rund ist manches Loch,
dacht ich bei mir selber doch,
wie der runde Zirkel geht,
der ein rundes Loch gedreht.
So hat mancher Schreiner dies
hier und dort und da gewiss.

Manches Loch ist eng und weit,
manches schmal und manches breit,
manches ist voll krauser Haaren,
mancher fehlt's an solchen Waren,
manches tief und manches seicht,
manches hart und manches weich.

Manches ist noch jung und zart,
manches hat ein' großen Bart,
manches ist nicht allzu lieblich,
manches auch nicht appetitlich,
manches groß und manches klein,
manches hässlich, manches rein.

Manches hinten, manches vorn,
manches hat wohl gar ein Horn,
manches unten, manches oben,
manches lässt sich gerne bohren,
manches siehet wie ein Haus,
manches wie ein Scheintor aus.

Manches Loch ist ausgedreht,
manches innen ausgebläht,
manches so sehr hart verrostet,
manches hat schon viel gekostet,
manches stinket nach der Luft,
manches scheißet, dass es pufft.

Manches riechet nach Zibet,
manches stinket wie ein Dreck,

manches mufft wie faule Eier,
manches siehet wie ein Feuer,
manches riecht nach Menschenart,
manches wie ein' faule Magd.

Dieses fiel mir da mal ein,
maß so viele Löcher ein,
die ohnmöglich zu erzählen.
Tu dir eins davon erwählen,
ist die Wahrheit allzuschwer,
als wann was zu erraten wär.

Nun, ich lass jetzt dir den Rat:
Ein Loch ist mir wohl bewahrt,
welches ich vor mich befiehlt
und bisweilen damit spielt'.
Aber, ach, das liebe Loch
kriegt mich nicht, betracht es doch.

Nun leb wohl, du süßes Loch,
du bist süß und stinkest doch.
Inner sechsunddreißig Wochen
kommt vielleicht was rausgekrochen,
denn es kommet heute noch
der werte Hansl in das Loch.

Das schöne Land
(Tabacologia)

Ich weiß ein schönes Ländelein,
darinnen möcht' ich König sein.
Oh, du wunderschönes Land,
ist nicht breiter als die Hand.

Und das Ländelein liegt mitten in Sachsen,
ist rings herum mit Haar bewachsen.
Oh, du wunderschönes Land,
ist nicht breiter als die Hand.

Und das Ländelein liegt mitten in dem Teich,
darin fischt sich mancher reich.
Oh, du wunderschönes Land,
ist nicht breiter als die Hand.

Und das Ländelein liegt mitten in dem Tal,
es hat einen schönen Wasserfall.
Oh, du wunderschönes Land,
ist nicht breiter als die Hand.

Wer das Ländelein will,
der muss einen haben, wie ein Hammerstiel.
Oh, du wunderschönes Land,
ist nicht breiter als die Hand.

Gartenfreuden
(Schamloses Volkslied)

Schickt mi mei Vater in'n Garten 'naus,
schickt mi mei Mutter in'n Klee.
Kamen drei sakrische Jägersleut',
hob'n mir die Röcke in die Höh'.

Der eine hat mi mal dran gefasst,
der andere hat's mal probiert,
der dritte, der hat'n mal neingesteckt,
i hob aber nix von gespürt.

Der erste, der hatte ka Pulver net,
der zweite, der hatte ka Blei,
dem dritten, dem stand ja sein Hahnderl net,
leckt's mi am Arsch alle drei.

Und als i wieder nach Hause kam,
da war mir so wund und so weh.
Da sagte mei Vater: Hab's gleich gesagt,
das kommt vom verdammigten Klee!

Pfaffenfreud und -leid

Nachfrage

Guten Morgen, Herr Pfarrer,
wo ist der Kaplan?
Er liegt auf der Köchin
und kräht wie ein Hahn!

Gottvergessen

Ein Pfarrer auf der Kanzel steht
und spricht von deus meus.
Dabei spielt er zum Zeitvertreib
an seinem Zabadäus.

Gelegenheit

Zwei Mönche gingen vor das Tor,
da fanden sie ein Mädchen vor.
Hieronymus, der frömmste,
der dachte sich: die stemmst de.

Nichtkönner
(Goldenes Buch der Erotik)

Als die Königin Isabella
von dem Turm der Citadella
rief den Papst zum Coitus,
griff der Papst in seinen Nöten,
ängstlich an die heil'gen Klöten,
sprach betrübt: Non possumus.

Als die Gräfin von Castilien
mit den Wonne-Utensilien
neckt' den Papst zum Coitus,
sprach der Papst in seinen Nöten,
in der Hand die heil'gen Klöten,
ganz betrübt: Non possumus.

Kleidungsfragen

Unser Herr Pfarrer hat einen langen,
dicken, stichelhaarigen,
mit einer Quaste verzierten – Schlafrock an.

Unserm Herrn Pfarrer seine Köchin
hat eine weite mit Spitzen besetzte,
mit Fransen verzierte – Schürze vor.

Schwarze Pannen

Der Pfarrer von Nassau
sagt zum Bischof von Passau:
Vögeln, Euer Gnaden
tut niemals schaden.

Der Pfarrer von St. Veit
hat mit den Dirndln viel Freud.
Und was der Pfarrer nicht kann,
das tut der Kaplan.

Der Pfarrer von Hindelang
sagt: Dirndl, was besinnst dich so lang?
Erfährst die allerhöchste Ehr;
dich vögelt der geistliche Herr!

Der Pfarrer von Weiler,
der wird allweil geiler,
sogar auf der Kanzel
steht ihm sein Schwanzel.

Der Pfarrer von Freising
hat alle fünf Finger drin,
und den Schwanz dazu,
die Köchin gibt keine Ruh.

Dem Pfarrer von Treudelkofen
hat der Blitz in den Beutel getroffen.

Wie schade für den Mann,
er hat's gar so gern getan.

Der Pfarrer von Seeshaupt,
wer hat denn das geglaubt,
hat im Ammerland gefischt
und einen Tripper erwischt.

Der Pfarrer von Geisenheim,
Herrgott, ist das ein Schwein!
Der meint, dass die Christenlehr'
zum Arschficken wär.

Der Pfarrer von St. Gallen
ist ins Scheißhaus gefallen.
Als man ihn herauszogen,
war die Pfeife verbogen.

Der Pfarrer von Trudering
hat so ein Luderding,
das ihm allweil steht,
sogar beim Gebet.

Der Pfarrer von Feldmochingen,
der hat einen knochigen,
wie ein Stein so hart,
aber vögeln tut er zart.

Der Pfarrer von Kitzingen
hat einen winzigen,

spitzigen Hut,
aber der steht im gut.

Der Pfarrer von Eisenach spricht:
Meinem Ermessen nach glaub ich nicht,
dass es geht,
wenn er halt nicht steht.

Der Pfarrer von Leimen
hat einen ganz kleinen.
Das ist ihm egal,
er wird doch Kardinal.

Der Pfarrer von Penzing
ist ein ehrbarer Mann.
Der vögelt die Köchin
nicht mehr als er kann.

Der Pfarrer von Essenbach sagt:
Meinem Ermessen nach
ist Vögeln von hint'
überhaupt keine Sünd'.

Der Pfarrer von Grinzing,
der treibt's ziemlich übel.
Er vögelt die Nonnen
und pfeift auf die Bibel.

Der Pfarrer von Bozen
steht nur noch auf Votzen,

seit der Bischof von Brixen
ihn erwischte beim Wichsen.

Der Pfarrer von Barcelona
tut seinen nicht schonen.
Der Pfarrer von Madrid
hält auch immer mit.

Der Pfarrer von Gibraltar,
der steht am Hochaltar,
in der einen Hand die Monstranz,
in der andern den Schwanz.

Der Pfarrer von X,
der hinterließ nix
als 'ne schwangere Köchin
und sein Kruzifix.

Götterpfuhl
(Fräulein von Crailsheim)

Es vögelt alles, was lebet
und was in Lüften schwebet,
im Wasser und auf Erd.
Ein Mädchen von zwölf Jahren
mit goldenen Haaren
den Fiesel schon begehrt.

Juno muss drüber lachen,
wenn Jupiter will machen
ihr einen dicken Bauch.
Doch lässt sie sich bereden
und tut's dem Ganymeden
in einem Rosenstrauch.

Apollo will Minerven
das Kränzchen nicht verwerfen.
Er tut's ihr durch den Flor;
mit seinem Eselsschwanze
fuchst er à la Cadance
den ganzen Musenchor.

Vulcanus in der Kammer
mit seinem Schmiedehammer
erwischt den Ring im Tanz.
Sein Schwanz, wenn er geschwollen,
ist länger als zwölf Zollen,
o auserlesner Schwanz.

Diana, matt vom Jagen,
lässt sich den Spieß behagen.
Sie steckt ihn selbst hinein.
Wer da mit seinem Eisen
sich doppelt kann erweisen,
dem schenkt sie doppelt ein.

Mars, wenn er sich erhitzet,
mit Feur und Blut bespritzet,
schiert er Bellonen doch.
Ja, mitten untern Stücken
legt er sie auf den Rücken
und stopfet ihr das Loch.

Cupido, dieser Kleine,
greift Venus an die Beine,
sein Schwänzchen wird ihm groß.
Er lässt den Göttersamen
in aller Huren Namen
fließen in ihren Schoß.

Neptuno in den Wellen
greift Venus an die Schellen.
Saturn voll Hässlichkeit
spricht: Mich lässt man versauern,
mit lauter kalten Bauern
vertreiben meine Zeit!

Pan, der sonst rauch von Haaren,
hat kein Amour erfahren,
als die nur viehisch heißt.
Doch fuchst er seine Faunen
und bläst die Votzposaunen,
bis sich der Same weist.

Charon im Überfahren
sticht nur, was rauch von Haaren,
da hilft kein Bitten nicht.
Pluto fuchst Proserpinen
und Lucifer Lucinen,
warum wir Menschen nicht?

Was machen nicht für Mienen
der Has und die Kaninen,
was tut der Sperling doch!
Der Elefant von hinten
kann auch die Vulvam finden,
Camelus trifft das Loch.

Ihr Nonnen und ihr Pfaffen
sollt beieinander schlafen,
lasst Messe Messe sein.
Und wenn ihr höret läuten,
sollt ihr zum Vögeln schreiten,
steckt ihn fein sanft hinein.

Drum höret solche Wörter,
ihr schönen Menschenmörder,
ihr Jungfern, höret doch:
Verbrennt die samten Dinger
und steckt anstatt der Finger
Studentenschwänz' ins Loch.

Mauerspringer
(Goldenes Buch der Erotik)

Mit dem Besen auf der Lauer
lag ich auf der Klostermauer,
freuet euch, ihr Klostermädchen,
heut wird bei euch gefegt.

Der Äbtissin ihre Röhre
ist die erste, die ich kehre,
dann kommt Schwester Lucia,
Marta und Cäcilia.

Doch die Marta ist sehr eigen,
erst sollt' ich den Besen zeigen,
meint, ihr Rauchloch sei zu klein,
da passt doch kein Besen rein.

Vor dem Loch von ihrer Aster
klebte gar ein großes Pflaster,
denn bei täglichem Gebrauch
leidet so ein Rauchloch auch.

In der trüben Atmosphäre
fand ich nicht die rechte Röhre,
bei dem düstern Lampenschein,
fuhr ich ihr ins Arschloch rein.

Zwar war da noch eine Alte,
die hatt' ihre eisigkalte
Ofenröhr' mit Schnee bestreut,
da tat mir mein Besen leid.

Dialog im Pfarrhaus

Spricht der Pfarrer zur Köchin:
Wir müssen uns jetzt rührn,
das sündhafte Volk
will die Zivilehe einführn.

Spricht die Köchin zum Pfarrer:
Das tut uns doch nicht viel:
Wenn Sie zu mir kommen,
sind sie ja stets in Zivil.

Andere Länder, andere Titten

Mikoschs Rede im ungarischen Landtag
(Goldenes Buch der Erotik)

Hochgeehrte Herren vom Landtag!
Ich gestatte mir den Antrag
bei der hohen Landesstelle,
einzuführen die Bordelle.

Nach Naturgesetzesregeln
muss wohl der erwachsne Mann
in der Woche dreimal vögeln –
nota bene: Wenn er kann.

Kaiser, König, Edelmann,
Bürger, Bauer Bettelmann,
große und auch kleine Herrn,
alle Ungarn vögeln gern.

Kaffeehäuserfrauenzimmer
findet man bei Tag und Nacht.
Doch die Menschen sind ja immer
mit zu vielen Herrn bedacht.

Frauen zuchteln ist nicht schlecht,
aber dennoch ist's nicht recht.
Erst verbietet's die Moral,
dann mitunter der Gemahl.

Also auch in unserm Lande
ist's rein Ungeschicklichkeit,
dass man sich nicht kann begatten
überall zu jeder Zeit.

Eisenbahn baut unser Kaiser,
wo man Hals und Bein riskiert,
doch zu bauen Hurenhäuser,
niemand eine Lust verspürt.

Solche schönen Institute,
wo der Mann mit steifer Rute
sich ergötzet und erquickt,
die baut die Regierung nicht.

Dann erst schwinden Landesplagen,
wenn der Präsident kann sagen:
Unsere Sachen sind geregelt,
nach der Sitzung wird gevögelt.

Sexotische Wünsche
(Goldenes Buch der Erotik)

Reicht mir das Weib vom Stamme der
   Tscherkessen,
das jüngst ich meinem Harem zugesellt.
Ich will an ihrem süßen Leib vergessen
die Qual und Sorgen dieser bösen Welt.

Reicht mir das Weib vom Stamme der
   Apachen,
das jüngst ich meinem Harem zugesellt.
Ich will es ihr nur schnell noch einmal
   machen,
damit sie mich nicht für 'nen Schlapp-
   schwanz hält.

Reicht mir das Weib vom Stamme der
   Lappländer,
das jüngst in meinem Harem ich gesehn.
Ich hab gerade einen Katerständer,
zwar dauert's lang, doch ist es oft sehr schön.

Reicht mir das Weib vom Stamme der
   Irokesen,
das jüngst ich meinem Harem zugesellt.
Ich liebe grade diese wilden Mösen,
wenn das verdammte Aas nur stille hält.

Fremdgänger

Es zog ein Pater von Österreich
hinüber in das Frankenreich,
na, na, na, na, na, na.
Mit seinem
Klings, Klangs, Dingsbums, Vallera.

Er kam vor eines Klosters Tür,
die jüngste Nonne stand dafür,
na, na, na, na, na, na.
Mit ihrem
Klings, Klangs, Dingsbums, Vallera.

Der Pater stieg die Treppe nauf,
die Nonne sah von unten auf,
na, na, na, na, na, na.
Nach seinem
Klings, Klangs, Dingsbums, Vallera.

Ach Pater, was war das für ein Ding,
das unter deiner Kutte hing,
na, na, na, na, na, na?
Mit einem
Klings, Klangs, Dingsbums, Vallera.

Das ist mein Medizinerstab,
damit ich kranke Nonnen lab,
na, na, na, na, na, na.

Mit diesem
Klings, Klangs, Dingsbums, Vallera.

Ach, lieber Pater, so lab auch mich,
die kränkste Nonne bin ja ich,
na, na, na, na, na, na.
Mit deinem
Klings, Klangs, Dingsbums, Vallera.

So sind sie hinter die Orgel gezogen
und orgelten, dass die Balken sich bogen,
na, na, na, na, na, na.
Mit ihren
Klings, Klangs, Dingsbums, Valleras.

Lob des Handwerks

Berufswahl

Heirat ich einen Bauern, muss ich aufs Land.
Heirat ich einen Schinder, ist's eine Schand.
Heirat' ich einen Nagelschmied,
hab ich Tag und Nacht ein Fried.
Genigelt, genagelt, genagelt muss sein.

Von der Pumptaratata
(Lieder aus dem Rinnstein)

Ich will ein Liedchen singen,
das soll so herrlich klingen,
von der Pumptaratata, triholiliola.
Ich will euch gleich beweisen,
was unsre Mädchen leisten,
mit der Pumptaratata, triholiliola.

Der Schneider, der Schneider,
er schneidert jahraus, jahrein.
Drum lässt er auch das Schneidern
beim Liebchen gar nicht sein.
Und kommt er an die Waden,
so hat er schon geladen,
für die Pumptaratata, triholiliola.

Der Schuster, der Schuster,
er schustert jahraus, jahrein.
Drum lässt er auch das Schustern
beim Liebchen gar nicht sein.
Und kommt er an die Sohlen,
so guckt er ganz verstohlen
nach der Pumptaratata, triholiliola.

Der Schreiner, der Schreiner,
er hobelt jahraus, jahrein.
Drum lässt er auch das Schreinern
beim Liebchen gar nicht sein.
Er nimmt den größten Hobel
und schiebt ihn rein ganz nobel,
in die Pumptaratata, triholiliola.

Der Schreiber, der Schreiber,
er schreibt jahraus, jahrein.
Drum lässt er auch das Schreiben
beim Liebchen gar nicht sein.
Er nimmt sie her von hinten
und spritzt sie voll mit Tinten,
die Pumptaratata, triholiliola.

Der Pfarrer, der Pfarrer,
so heilig er auch ist,
weil er den lieben Mägdelein
die Beichte anvergisst.
Und kommt er an Matthäi,
so steht ihm der Zapatäi
nach der Pumptaratata, triholiliola.

Ticktack

Als Uhrmacher ging ich von Haus zu Haus
und klopfte den Mädchen die Uhren aus.
Da gibt's viel Arbeit bei Groß und Klein,
da ist's gar lustig ein Uhrmacher sein.

Im Kloster ging ich von Zelle zu Zelle,
die eine wollt's langsam, die andre schnelle.
Es sprach die Abtissin: Ach bleib nur recht lang!
Und plötzlich ging's ticktack,
die Uhr war im Gang.

Es kam eine Jungfer mit Schwarzwälder Uhr,
der fehlte auch selbst eine Reparatur.
Ich gab ihr mein Perpendikel und zwei Gewichte dazu.
Das macht's bei ihr ticktack,
und die Uhr ging im Nu.

Es kam auch ein Mädchen mit Unschuldsgesicht,
die kannte den Mechanismus der Uhren noch nicht.
Am Anfang, da machte das Aufziehn ihr Pein.
Doch endlich beim Ticktack
ging die Uhr ganz fein.

Dann kam eine Alte mit schlohweißem Haar,
der fehlte das Perpendikel schon manches Jahr.
Ich mühte mich redlich, doch alles blieb kalt.
Es machte nicht ticktack,
die Uhr war zu alt.

So nehmet, ihr Mädchen, die Lehre euch an:
Lasst rechtzeitig uns ans Uhrwerk ran.
Denn kriegen wir eure Unruh zu fassen,
dann gefällt euch das Ticktack,
ihr könnt's nicht mehr lassen.

Am Ende hat mich das Schicksal betrogen,
als ich einer Jungfer die Uhr aufgezogen,
da hing's Perpendikel so schlapp und so wund,
und schaffte kein Ticktack,
ich war auf dem Hund.

Gärtnerfreuden
(Kraftbayrisch)

Die Gärtnerei, das ist fürwahr
eine schöne Sach,
weil ich dabei das ganze Jahr
mit Gartengeschirr was mach.

Kommt mal ein schönes Mädel vorbei
und spricht: Mein lieber Herr,
sag ich, dass ich der Gärtner sei
und frag, was ihr gefällig wär.

Ich führ sie gleich ins Treibhaus rein,
dort sind wir ganz allein,
und zeig ihr meinen Nagelstock,
der könnt gefällig ihr sein.

Da zeigt auch sie mir ihr Geschirr,
das steht ihr immer so leer.
Es könnte sehr gefallen ihr,
wenn ein Nagelstock drin wär.

Ich fang gleich mit der Arbeit an,
solch Gärtnerpflicht muss sein.
Und merke, ich bin übel dran;
ihr Gartengeschirr ist so klein.

Da sagt sie couragiert zu mir:
Das Spiel ist noch nicht aus.
Ich geh mit meinem Gartengeschirr
nicht ungenagelt nach Haus.

Geplagt hab ich mich wie ein Hund
und dacht schon, es sei vollbracht.
Sie aber spitzte nur den Mund
und hat mich ausgelacht.

Ich hätt den Stock nicht gut eingesetzt,
ihr käme das kalte Grausen.
Die Vorhaut sei schon ganz abgewetzt,
zwei Warzen seien noch draußen.

Gemeinschaftswerk
(Fräulein von Crailsheim)

Hört doch von der lieben Punze,
wie dieselbe ist formiert
und wie ihre enge Gluntze
so vollkommen ausgeführt:
Alles ist so wohl bestellt,
doch der Schlosser hat gefehlt.

Endlich hat der Brunnenmeister
ihre Wasserröhr gebohrt
und mit einem weißen Kleister
angeschmiert an ihre Pfort,
dass ein Schlüssel groß und klein
gehet schlitzrig aus und ein.

Brunnenmeister, Tischler, Schlosser
und der Kürschner baute dran,
alle vier, die machten's besser,
als der Schlosser hat getan,
denn er nahm sich nicht in Acht,
als er hat das Schloss gemacht.

Und der Tischler hat so niedlich
ihr das Löchlein glatt gemacht,
dass es vögelt sich sehr friedlich
bei dem Tag und bei der Nacht.
Wär's gehobelt nicht so fein,
stäch man sich ja Splitter ein.

Auch den Kürschner muss man loben,
weil er sich so wohl bedacht,
denn man sieht's an seinen Proben,
die er an dem Pelz gemacht.
Doch im Loch ist sie nicht rauch,
sondern rundherum im Bauch.

Schlosser, du hast so geeilet
mit dem lieben Bunzenloch,
du hast's nicht recht ausgefeilet,
weil das Schlüsselloch zu groß.
Doch das Allerschlimmste ist,
dass ein jeder Schlüssel schließt.

Schlossers Schwarzarbeit
(Schamloses Volkslied)

Einst fragte mich ein junges Weib,
was ich für ein Handwerk treib.
Ich sagte aber gerade hin,
dass ich ein schwarzer Schlosser bin.

Sie zeigte mir da gleich ein Schloss,
war hübsch und fein, doch nicht zu groß.
Ich zog sogleich mein' Schlüssel raus,
das Schlösschen sprang von selber auf.

Sie fragte mich, ob die Maschin'
ich aufzusperren imstande bin.

Sie sagt, ich sollt mich nicht genieren
und sollt es auf der Stell probieren.

Ich machte mich gleich drüber her,
am Anfang fiel's abscheulich schwer.
Ich goss ein wenig Öl darauf,
das Schlösschen sprang von selber auf.

Der Kesselflicker
(Lieder aus dem Rinnstein)

Ein Kesselflicker, dem's gut geht
verdient sein täglich Brot,
wenn er sein Handwerk nur versteht,
so hat er keine Not.
Und er macht sich gar nichts draus,
tra tri trallala,
und flickt alle Pfannen aus!
Tra tri juchhe!

Einst kam er auf der Wanderschaft
wohl an ein großes Haus,
da schaut in voller Jugendkraft
ein schönes Weib heraus.
Kesselflicker, komm herein,
tra tri trallala,
hier wird was zu flicken sein!
Tra tri juchhe!

Sie reicht ihm ihre Kupferpfannen,
rabenschwarz von Ruß,
da schob er einen Bolzen rein,
so groß wie ein Ochsenfuß.
Hei, da lob ich mir den Mann,
tra tri trillala,
der barbarisch flicken kann.
Tra tri juchhe!

Und als die Arbeit war getan,
die Pfanne war geflickt,
da sprach sie voller Dankbarkeit:
Du hast auch gut geflickt,
tra tri trallala,
stets wird was zu flicken sein!
Tra tri juchhe!

Wenn uns ferne Meere trennen
und ein Fick nicht möglich ist,
wird dein Schwanz nicht spritzen können,
doch vergiss Elisen nicht.

An Robert (II)

Lieber Junge, komm und reite,
bis du meine Scheide schwillst.
Komm von hinten, von der Seite,
fick ins Arschloch, wo du willst.

Will dir gleich dein Schwanz nicht stehen,
sieh das kleine Vötzchen an,
kannst es rein wie Gold heut sehen,
komm nur her und vögle dran.

Denn der Schwanz, der ist mein Leben,
und der Sack ist meine Welt.
Und das Ficken ist es eben,
was der Votze so gefällt.

Meine Mutter will's nicht leiden,
dass ich eine Hure bin,
und ich tu es doch mit Freuden,
lege mich vor jedem hin.

Das kostbare Glied
(Antropophyteia)

Ich kam nachts in ein stilles Häuschen,
zu stillen meiner Liebe Glut.
Und sieh, ein zartes, stilles Mäuschen
gar bald in meinem Arme ruht.
Da fleht sie mit erhobnen Händen:
Was schenkst du, eh die Liebe flieht?
Ich sprach: Mein Kind, du kannst mich schänden,
mein ganzer Reichtum ist mein Glied.

Die Gräfin Ida hat Millionen.
Sie reicht die kleine weiße Hand,
mitsamt den Schätzen aller Zonen,
zum ew'gen Bund dem Leutenant.
Er hat nicht Gold-, nicht Silberminen,
doch will ins Bett sie und ist müd',
dann spricht er: Gräfin, Euch zu dienen!
Mein ganzer Reichtum ist mein Glied!

August der Starke war ein König,
der einst besaß den Sachsenthron.
Solch Landesväter gab es wenig,
die Zahl der Söhne war Legion.
Er war Regent im weiten Polen,
viel Schätze barg wohl sein Gebiet.
Doch August sagt es unverhohlen:
Mein ganzer Reichtum ist mein Glied!

Es folgt die schöne Anna-Liese
dem Fürsten auf sein stolzes Schloss.
Sie macht es ihm zum Paradiese
als liebestrunkner Bettgenoss.
Sie ist von Glanz und Pracht umgeben,
und wenn er sanft ans Herz sie zieht,
dann flüstert sie mit Wonnebeben:
Mein ganzer Reichtum ist dein Glied!

Als ich, ein Knabe einst im Bette,
voll Unschuld auf ein Rätsel stieß,
lief in die Küche ich zur Jette:
Oh, Jette, sag mir, was ist dies?
Die Jette sagte mit Ergötzen:
Geh schlafen, Kleiner, du bist müd.
Dies Kleinod lernst du einst noch schätzen,
dein ganzer Reichtum ist dein Glied!

Tanzduett

Brüderchen, komm, treib's mit mir!
Beide Hände reiche mir.
Brüstchen hin, Brüstchen her,
rundherum, das ist nicht schwer!

Bumsen soll ich armer Wicht,
Schwesterchen, das kann ich nicht.
Darum zeig mir, wie es Brauch,
dass ich Bumsen lerne auch!

Mit dem Po-chen hopp, hopp, hopp,
mit dem Schwänzchen popp, popp, popp.
Einmal hin, einmal her,
rundherum, das ist nicht schwer!

Ei, das hast du fein gemacht!
Ei, das hätt ich nicht gedacht!
Seht mir doch den Bengel an,
wie der Freuden spenden kann!

Mit dem Köpfchen nick nick nick,
mit dem Schwänzchen fick, fick, fick.
Einmal hin, einmal her,
rundherum, das ist nicht schwer!

Jagdgründe
(Goldenes Buch der Erotik)

Gestern in der Abendstunde
gingen in den Wald hinein
Jägers Fritz und Rosamunde,
und sie waren ganz allein.

Plötzlich fing er an zu sprechen:
Röschen, ach, mir steht mein Schwanz,
lass mich deine Rose brechen,
scheiß auf deinen Jungfernkranz.

Meine Unschuld zu verlieren,
bin ich doch noch viel zu jung,
meine Ritze zu verschmieren,
ist noch immer Zeit genug.

Doch der schlimme Jägersfritze,
geiler als ein Ziegenbock,
fasst mit einer Hand die Zitze
mit der andern untern Rock.

Und sie greift ihm in die Hosen,
präsentiert ihm sein Gewehr,
steckt ihn rein mit süßem Kosen,
und der Sack fliegt hin und her.

Vogelfang I
(Goldenes Buch der Erotik)

Auf der Lüneburger Heide
ging ich rauf und ging ich runter,
Bruder, pump mir deine Liebste,
denn die meine ist nicht munter.
Vallerie, vallera.
Schatz, du weißt es ja,
wie man Vögel fangen tut.

Ja, ich will sie dir wohl pumpen,
aber nimm dich nur in Acht,
dass sie draußen auf der Heide
keine Hasensprünge macht.
Vallerie, vallera.
Schatz, du weißt es ja,
wie man Vögel fangen tut.

Auf der Lüneburger Heide,
da, wo sich die Weiden bogen,
hei, da hab ich sie gevögelt,
dass die Haare davon flogen.
Vallerie, vallera.
Schatz, du weißt es ja,
wie man Vögel fangen tut.

Und da hab ich sie gevögelt,
und da gab ich ihr kein Geld,
und da hat sie mir die Beene

in die Scheiße reingestellt.
Vallerie, vallera.
Schatz, du weißt es ja,
wie man Vögel fangen tut.

Auf der Lüneburger Heide,
hei, da nahm ich meinen Schlauch,
und da drückt ich der Auguste
einen Stempel auf den Bauch.
Vallerie, vallera.
Schatz, du weißt es ja,
wie man Vögel fangen tut.

Einen großen schwarzen Adler
und die Jahreszahl dabei,
damit jeder konnte wissen,
wann sie abgestempelt sei.
Vallerie, vallera.
Schatz, du weißt es ja,
wie man Vögel fangen tut.

Vogelfang II
Schwaben

Und zu Stuttgart auf der Wiesen,
wo die Weiden sich bogen,
ach, da hab ich die Luisen,
dass die Haare davon flogen.
Valleri, vallera.
Schatz, du weißt es ja,
bei der Nacht tut es gut,
wenn man Vögel fangen tut.

Und zu Stuttgart auf der Au
lag der Mann auf der Frau
und der Knecht auf der Magd,
und so ging's die ganze Nacht.
Valleri, vallera.
Schatz, du weißt es ja,
bei der Nacht tut es gut,
wenn man Vögel fangen tut.

Ri ra rutt
Norddeutschland

Ri ra rutt.
Der Lene ihre Futt
hat schon ein Kränzlein um.
Sie ist nicht mehr so dumm.
Haare hat die Lene
zwischen ihre Beene.
Schon wird's ihr dort ganz heiß.
Warum? sie noch nicht weiß,
was ihrer kleinen Futt
am allerbesten tut.

Ri ra rutt.
Was fehlt der kleinen Futt?
Die zwischen ihre Beene
hat die junge Lene.
Schon wachsen Haare drum,
sie ist nicht mehr ganz dumm.
Es wird ihr da so warm,
dass bald sich wer erbarm
und zeig der kleinen Futt,
was ihr am besten tut.

Ri ra rutt.
Der Lene ihre Futt
soll gehen auf den Tanz
mit einem strammen Schwanz.
Die Haare soll er bürsten,

danach soll's ihm gelüsten,
soll löschen ihre Hitze
mit seiner Feuerspritze.
Der Lene und der Futt,
so was am besten tut.

Bekommt das Möschen Haare
und wächst darum ein Kranz,
dann ist es Zeit, dann fahre
tief in sie rein der Schwanz
und fege stramm und fege gut
des Mädels kleine, heiße Futt!

Hahnenkampf
Mainz, um 1860

Es ist ein schönes Leben,
ein Bauersmann zu sein.
Man braucht sich nicht zu schämen,
geht man zur Stadt hinein.
Ein' Hahn wollt ich verkaufen.
Ei! das vergess ich nie.
Ich musst die Straße laufen
mit einem Kikeriki.

He, Mann, mit Ihrem Hahne!,
ruft eine dicke Frau.
Was wünschen Sie, Madame?,
fragt gleich der Bauer schlau.
Ich bin ein Mann vom Lande
und habe schönes Vieh,
er ist noch gut imstande,
mein kleiner Kikeriki.

Da ist sie gleich erbötig
und führt ihn in ihr Haus.
Sie hat grad einen nötig
und holt ihn selbst heraus.
Es sträubt sich sein Gefieder,
dann geht er los auf sie.
Ich sah sie niemals wieder
mit meinem Kikeriki.

Ulricus und Babettchen
(Goldenes Buch der Erotik)

Ulricus und Babettchen
wohl unterm Hagedorn,
sie pflückten sich Bukettchen
von Klee und Rittersporn.
Und sonst noch was,
was ich nicht sagen darf.

Ulricus, guter Dinge,
herzte und küsste sie.
Und in dem Kampfgedränge
entblößt' er ihre Knie.
Und sonst noch was,
was ich nicht sagen darf.

Nach keuscher Jungfern Sitte
bot sie ihm Widerstand:
Ulricus, ach ich bitte,
lass ab davon die Hand.
Und sonst noch was,
was ich nicht sagen darf.

Doch, endlich überwunden,
sinkt sie in seinen Schoß.
Ulricus, ach Ulricus,
ja, deine Lieb ist groß.
Und sonst noch was,
was ich nicht sagen darf.

Nachterlebnis

Die Nacht war rau,
der Wind strich durch die Blätter,
da tät der Vater auf die Mutter klettern.
Und nebenan wohl in der Stub,
da schlief der kleine Lausebub.

Und als vom Tschinderassassa
die Bettstatt tät erkrachen,
da tät der kleine Lausebub erwachen.
Hilf, Himmel, hilf! Bei uns ist große Not,
der Vater drückt die Mutter tot!

Schlaf wohl, mein Kind,
schlaf weiter bis zum Morgen.
Dafür lass nur den lieben Herrgott sorgen.
Was du hier siehst ist guter Eltern Brauch,
und wenn du groß wirst, machst du's auch.

Abwärtsblicke
(Goldenes Buch der Erotik)

Ich kenn ein Mägdelein,
das hat zwei Äugelein.
Wenn ich drein schaue,
ich mich erbaue.

Und unterm Äugelein
da liegt das Mündelein.
Wenn ich drauf küsse,
dann schmeckt's so süße.

Und unterm Mündelein
da sind die Brüstelein.
Wenn ich dran greife,
steht mir die Pfeife.

Und unterm Brüstelein
hat sie ein Bäuchelein.
Wenn ich drauf liege,
geht's wie 'ne Wiege.

Und unterm Bäuchelein
hat sie ein Sträuchelein.
Wenn ich drein fahre,
fliegen die Haare.

Und unterm Sträuchelein
hat sie ein Löchelein.
Wenn ich drein stoße,
dann spritzt die Soße.

Laterndl

Geh, geh, liebe Nanni,
geh, leih mir dein Latern.
Es ist ja stockfinster;
man sieht gar kein' Stern.
Geh, tu's mir nur leihen,
es geschieht dir nichts dran.
's Laterndl ist unser,
gehen niemand nichts an.

Ich darf's dir nicht leihen,
mein Mutter wird bös.
Sie tut nachschleichen,
wenn sie hört ein Getös'.
Wer hat dich gerufen so spät in der Nacht.
's Laterndl möchte brechen,
's ist nicht so gemacht.

Lieb Schatzerl, lieb Nannerl,
abschlag's mir doch nicht.
Ganz sacht will ich umgehn,
dass es nicht zerbricht.
Ach, eil doch geschwinde,
du liebliches Kind
und leih mir 's Laterndl,
mein Kerzl schon brinnt.

Venus lacht

Komm mit aufs Bettgen,
mein Schatz Lisettgen.
Mache bloß
deinen Schoß,
jetzt kommt's mich an.
Hab mit mir Armen
holdes Erbarmen,
rett aus der Not,
eh der Tod
mich trennen kann.

Ach, mein Vergnügen,
ich seh dich liegen
aufgedeckt, ausgestreckt.
Jetzt geht's drauflos,
heb deine Glieder
fein auf und nieder,
sei erhitzt,
bis er spritzt,
der Wollust Stoß.

Mein' Augen brechen
wie auch dein Sprechen.
Ach, wie heucht,
ach, wie keucht
dein schwacher Mund!
Ach, wir zerfließen
bei dem Umschließen,

Venus lacht,
schiebe sacht,
ich bin verwund't.

Mein Kittelchen
(Lieder aus dem Rinnstein)

Ich hatt' einmal ein Kittelchen,
ging vorne nicht zusamm',
ging hinten nicht zusamm'.
Da bin ich zu einem Bären gegang':
Oh, lieber Bär, gib auch was her,
auf dass mein Kittelchen fertig wär!
Da sprach der Bär: Das soll geschehn,
ich will dir meine Tatzen gebn!
Also hatt' ich Bärentatzen,
kannst mir wohl die Pumpel kratzen.
Hühnerzehn, Hühnerzehn.
Freue dich, mein Kittelchen,
nun wird es wieder gehn!

Ich hatt' einmal ein Kittelchen,
ging vorne nicht zusamm',
ging hinten nicht zusamm'.
Da bin ich zu einem Löwen gegang':
Oh, lieber Löwe, gib auch was her,
auf dass mein Kittelchen fertig wär!
Der Löwe sprach: Das soll geschehn,

ich will dir meinen Rücken gebn!
Also hatt' ich Bärentatzen,
kannst mir wohl die Pumpel kratzen.
Löwenrücken,
kannst mich mal von hinten ficken.
Hühnerzehn, Hühnerzehn.
Freue dich, mein Kittelchen,
nun wird es wieder gehn!

Ich hatt' einmal ein Kittelchen,
ging vorne nicht zusamm',
ging hinten nicht zusamm'.
Da bin ich zu einer Nonne gegang':
Oh, liebe Nonne, gib auch was her,
auf dass mein Kittelchen fertig wär!
Da sprach die Nonne: Das soll geschehn,
ich will dir meinen Schleier gebn!
Also hatt' ich Bärentatzen,
kannst mir wohl die Pumpel kratzen.
Löwenrücken,
kannst mich mal von hinten ficken.
Nonnenschleier,
schieb ihn ein bis an die Eier.
Hühnerzehn, Hühnerzehn.
Freue dich, mein Kittelchen,
nun wird es wieder gehn!

Ich hatt' einmal ein Kittelchen,
ging vorne nicht zusamm',
ging hinten nicht zusamm'.

Da bin ich zu einer Ente gegang':
Oh, liebe Ente, gib auch was her,
auf dass mein Kittelchen fertig wär!
Da sprach die Ent': Das soll geschehn,
ich will dir meinen Schnabel gebn!
Also hatt' ich Bärentatzen,
kannst mir wohl die Pumpel kratzen.
Löwenrücken,
kannst mich mal von hinten ficken.
Nonnenschleier,
schieb ihn ein bis an die Eier.
Entenschnabel,
Schieb ihn ein bis an den Nabel.
Hühnerzehn, Hühnerzehn.
Freue dich, mein Kittelchen,
nun wird es wieder gehn!

Ich hatt' einmal ein Kittelchen,
ging vorne nicht zusamm',
ging hinten nicht zusamm'.
Da bin ich zu einem Fuhrmann gegang':
Oh, lieber Fuhrmann, gib auch was her,
auf dass mein Kittelchen fertig wär!
Der Fuhrmann sprach: Das soll geschehn,
ich will dir meine Hosen gebn!
Also hatt' ich Bärentatzen,
kannst mir wohl die Pumpel kratzen.
Löwenrücken,
kannst mich mal von hinten ficken.
Nonnenschleier,

schieb ihn ein bis an die Eier.
Entenschnabel,
schieb ihn ein bis an den Nabel.
Fuhrmannshosen,
Tripper, Schanker und Franzosen.
Hühnerzehn, Hühnerzehn.
Oh, du mein liebes Kittelchen,
wie wird's noch weiter gehn?

Vom Fegeln
Wien, um 1850

Wollt ihr wissen, wie es überall zugeht,
wollt ihr wissen, wie es überall zugeht?
Hier gibt's hübsche Mädchen,
ausgefuchste Kätchen,
denn sie haben alle
eine ausgefegelte Schnalle.
Wie man's treibt, so geht's!

Jungfer Lieschen ist auf beiden Augen blind,
lässt sich fegeln und bekommt kein Kind,
denn sie hat Courage,
wackelt mit dem Arsche,
macht 'nen hohlen Rücken,
wenn sie sich lässt ficken.
Wie man's treibt, so geht's!

Irma, die den roten König hat,
lässt sich fegeln, wird es gar nicht satt.
Ist man abgestiegen,
bleibt sie tapfer liegen,
tut den Schwanz besehen,
ob er noch will stehen.
Wie man's treibt, so geht's!

Ich kroch auf allen Vieren
Melodie: Ich ging einmal spazieren

Ich traf auf eine Nette,
nanu, nanu, nanu,
die knallte ich im Bette,
was sagst du denn dazu!
Dann kam noch eine Braune,
bums vallera,
die machte mir auch Laune,
ha, ha, ha, ha, ha.

Dann fand ich eine Kleine,
nanu, nanu, nanu,
die kam von ganz alleine,
was sagst du denn dazu!
Sie machte viel Getöse,
bums vallera,
mit ihrer heißen Möse,
ha, ha, ha, ha, ha.

Ich kroch auf allen Vieren,
nanu, nanu, nanu,
zu einer Kürassierin,
was sagst du denn dazu!
Ich musste gar nicht bitten,
bums vallera,
ich hab sie gleich geritten,
ha, ha, ha, ha, ha.

Sie sagt, ihr tät's gefallen,
nanu, nanu, nanu,
sie stöhnt in Intervallen,
was sagst du denn dazu!
Sie sagt, sie will es immer,
bums vallera,
das kann ich nie und nimmer,
ha, ha, ha, ha, ha.

Auf zum fröhlichen Blasen
Melodie: Auf zum fröhlichen Jagen

Auf, auf zum fröhlichen Blasen,
auf, auf, du schöne Maid!
Man fängt schon an zu fragen,
wo du wohl heute bleibst.
Das Vögeln in den Wäldern,
es macht ja so viel Spaß,
auf Wiesen und auf Feldern,
wenn es so richtig kracht.

Wo immer schon mal ein Jäger
mit Morgenlatte kam,
da nahm sich manches Mädchen
gern seiner Nöte an.
Die Hirsche und die Rehe,
die staunen alle sehr,
wo nimmt denn solch ein Jäger
so eine Flinte her.

Auf, auf zum vergnüglichen Reigen,
das weitet uns die Brust.
Dem Jagdwild nachzusteigen,
das macht uns höchste Lust.
Geladen sind unsere Büchsen
mit Pulver und Kondom.
Wir brauchen nicht zu wichsen,
wir werden auch nicht fromm.

Mägdeschau I

Unsre Magd und eure Magd
sind zwei schöne Dinger,
und sieht man eine nur halb nackt,
wird hart der elfte Finger.

Unsre Magd und eure Magd
haben starke Tutten,
und wer die beiden wohl befragt,
dem zeigen sie die Futten.

Unsre Magd und eure Magd
sind zwei dicke Mutschen,
die eure greift nach Schwänzen gern,
die unsre tut dran lutschen.

Unsre Magd
weint und klagt,
dass der Knecht
sie vögelt schlecht.

Unsre Magd Maritzepill
lässt jeden dran, der sie will.
Maritzepill, Maritzepill,
vögle nicht so furchtbar viel.

Mägdeschau II
(Antropophyteia)

Im ganzen Haus, das ist gewiss,
hat unsre Magd ein groß Geriss.
Dem einen schenkt sie Mäulchen,
mit andern spielt sie Gäulchen,
der Dritte spielt im Pfortenhaar,
der Vierte küsst das Vötzchen gar.
Unsre Magd ist einmal gangen,
kleine Backfische zu fangen.
In das Bächlein tat sie steigen,
tat ihr Ärschlein, Vötzlein zeigen.
Kam ein Bursch mit einer Geigen,
der stieß seinen Fiedelbogen
in des Wassers trüben Wogen
unsrer Magd ins Vötzelein.
Unsre Magd tat gar nicht schrein,
ließ sich lang die Geige streichen
und tat dann ins Wasser seichen.
Doch nach sechsunddreißig Wochen
hat sich mancherlei gerochen.

Mägdeschau III

Unsre Magd trägt unterm Rock
ein ungegerbtes Kalbfellchen.
Darauf schlägt mein Trommelstock
ein zündendes Rappellchen.

Unsre Magd trägt unterm Hemd
ein gar schön Kapellchen.
Wer darinnen läuten will,
hängt dort auf zwei Schellchen.

Bums vallera!

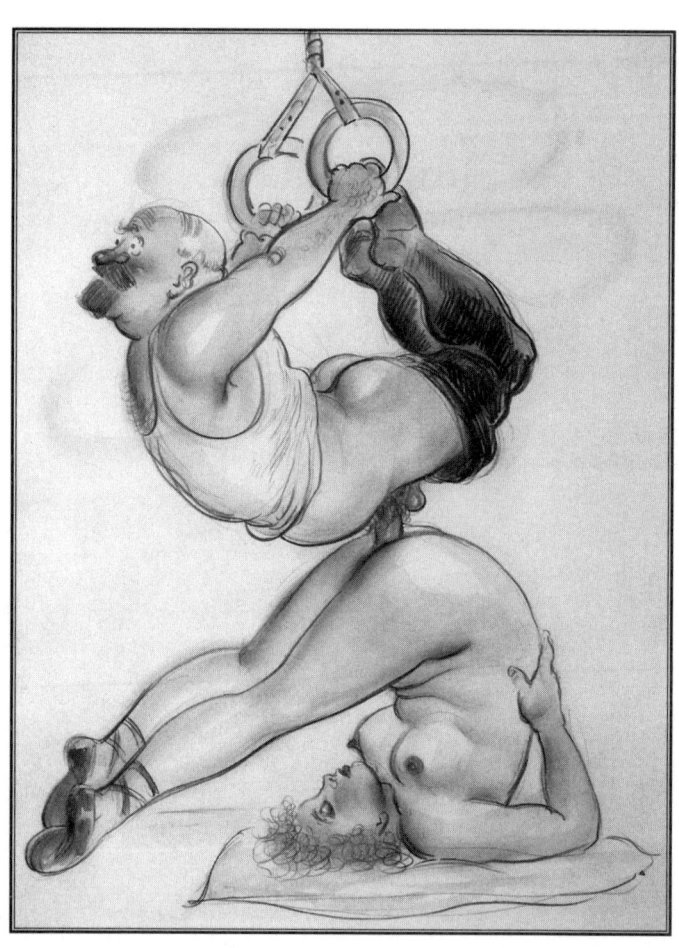

Stika, um 1925

Liebe im Schweinestall, Zitterspiel bei der Nachbarin und Küsse, die man in der Hose spürt – auf alles, was des Mannes und des Weibes sexuellen Lüste bloßzulegen vermag, weiß der Volksmund sich einen Reim zu machen. Da will keine deutschsprachige Region der anderen nachstehen.

∼∽

Süddeutsch

Animation

Am Ammersee, am Ammersee,
da reckt ein Fisch den Schwanz in die Höh.
Wenn ich nur meine Kathi seh,
geht's mir wie dem Fisch im Ammersee.

Begegnung

Ein Möschen kroch den Berg hinan
und fühlte sich geborgen,
da kam ein Schwanz von hinten ran
und sagte: Guten Morgen!

Türöffner

Die Neustifter Mädchen sind listig und fein,
die greifen den Burschen ins Hosentürl rein.

Alternativen

Mein Vater spielt Zitter,
meine Mutter spielt Geige.
Und ich spiel bei der Nachbarin
auf ihrer Feige.

Mein Vater und Mutter,
die lieben sich echt.
Ich werd's bald auch machen
mit unserm Hausknecht.

Litanei

Traurig ist es, einsam sein,
traurig, so getrennt zu leben,
einsam schlafen, nichts daneben,
nichts von gleichem Fleisch und Bein.

Ratschlag

Weiß Papier und blau Papier,
Mädle, nimm kein Offizier!
Nix im Säckle, nix im Sack,
als ein Päckle Rauchtabak.

Waschtag

Dirndl, wo hast du's,
dass ich's nicht find'?
Hast's zu weit vorn
oder zu weit hint'?

Hab's nicht zu weit vorn,
hab's nicht zu weit hint'.
Hab's nur zum Waschen,
weil's gar so sehr stinkt.

Missbräuche

Auf der Brücke von Paris
saß ein altes Weib und schiss
in ein leeres Butterfass.
Donnerwetter, krachte das!

Und zu Würzburg auf der Brücken
lag ein Mädchen auf dem Rücken.
Und ein Tambour stieg schnell auf,
schlug den Zapfenstreich darauf.

Nachhilfestunde

Madel, ei, was ist denn das?
Deine Beine sind ja nass.
Ist es Aqua, ist es Piss,
oder Semen hominis?

's ist nicht Aqua, s'ist nicht Piss,
's ist nicht Semen hominis.
Ach, was soll es anders sein,
als ein bisschen Mösenschleim?

Und der Kutscher auf dem Bock
schiss vor Lachen in den Rock.
Und die Herrschaft in dem Wagen
musste den Gestank ertragen.

Achtsamkeit

Vögl langsam, vögl langsam,
vögl nicht so geschwind.
Wenn's tröpfelt, muss er raus,
sonst machst mir ein Kind.

Meine Titten sind hart
und mein Pumperl, das tropft,
drum möchte ich gern ham,
dass es mir einer stopft.

Halbheit

Der Knecht geht auf den Boden rauf
und will die Leni wecken.
Da schiebt er ihr den Prügel rein
und lässt ihn drinnen stecken.

Und wie die Dirn vom Schlaf erwacht,
schreit sie in ihrer Wut:
Kreuzhimmelherrgottsakrament,
was steckt in meiner Fut?

Kreuzhimmelhergottsakrament,
wie gehst du mit mir um?
Jetzt tust du nur die Hälfte rein,
wo ist das andre Trumm?

Ritterlichkeit

Der Ritter Kunz ritt über 'nen Brucken,
da tät die Blas' ihn mächtig jucken.
Er zog den Schwanz hervor wie'n Boom,
und schiffte runter in den Strom.
Die Nixen aber in dem Flusse,
die reizten ihn zum Koitusse.
Er aber sprach: Ihr geilen Nixen,
lasst mich hier in Ruhe wichsen!
Und in der rechten Hand die linke Klöte,
verschwand er furzend in der Abendröte.

Mitteldeutsch

Aufklärung

Liebe Hebamm', was ist das?
In meinem Bauche zappelt was!
Kind, das kann ich dir gleich sagen:
Hast bei deinem Schatz geschlafen,
hast das Hemdchen hochgeschoben
und das Schwänzchen reingeschoben.

Falschtöne

Einstmals war ich bei Janettchen,
Jungfrau wollte sie noch sein.
Kaum war ich bei ihr im Bettchen,
schlüpft er ganz von selbst hinein.

Plötzlich fing sie an zu furzen,
Herr, sprach sie ganz keck und laut:
Hörten Sie nicht etwas schnurzen?
Das war meine Jungfernhaut.

Putzteufel

Mein Mädel hat'n weißen Bauch
und druff en schwarzen Fleck.
Ich hab die ganze Nacht gebärscht

und bring den Fleck nich weg.
Mein Mädel aber sagte mir,
indem se dazu lacht:
Es hätten hundert andere
ihn ooch nich weggebracht!

Selbsthelfer

Alle Mädchen sollen leben,
die von selbst die Röcke heben,
und den Schwanz mit eigner Hand
führen ins gelobte Land.

Nachzählerin

Einmal ist keinmal;
zweimal ist einmal,
dreimal ist nicht viel,
wenn der Kerl nur will.

Steck ihn ein, steck ihn ein,
tu mir nichts zerreißen.
Das Vordere ist zum Arbeiten,
das Hintere zum Scheißen.

Wartestand

A Stückl übern Nabel unten,
ist der Bauch gleich aus.
Da sitzt e kle schwarz Katzel,
das lauert uf 'ne Maus.

Passformen

Mittelmüllers Anton
hat'n großen Piephahn,
Mittelmüllers Rese
hat 'ne große Meese.

Gedächtnisübung

Mädel, du musst selber wissen,
wer das Kind dir hat gemacht.
Ob er dich hat rumgerissen,
oder stehend es gemacht.

Mühlenmühen

Ännchen hat 'ne Kaffeemühle,
schrumm, schrumm!
Kaffee mahlt sie damit nicht.
Schrumm, schrumm.

Viele Talers in die Tasche
bringt die Mühle,
aber keinen Bräutigam nicht.
Schrumm, schrumm.

Fehltritt

Einen Kater wollt' ich bumsen,
und ich fing das Untier ein.
In des Vaters alten Stiefel
sperrte ich das Mistvieh ein.

Plötzlich, in des Kampfes Hitze,
machte sich das Tierchen frei,
und zerkratzte mir die Spitze
und dazu das linke Ei.

Kater bumsen ist gefährlich,
denn die Biester kratzen sehr.
Wie 'ne abgepellte Blutwurst
baumelt dann der Schwanz umher.

Rückruf
Hessen (Antropophyteia)

Die Marie ging zum Bach hinab und wusch.
Da sprang die Votz ihr aus dem Bauch
   hinterm Busch.

Kehr doch zurück, lieb Vötzelein!
Es soll dir wohnlich bei mir sein.

Ach was! Du hast mich ganz vergessen,
du gibst mir niemals nichts zum Fressen!

Was soll ich dir zum Fressen geben?
Du hast zum Beißen keine Zähne.

Ich schlürfe ein mit meinen Lippen
eine feste, lange Mannesrippen,
ein kräftiges, warmes Würstelein
schmeckt auch mir armen Vötzelein,
ja selbst ein bloßes Knöchelchen
ist gut für mein Löchelchen.
Gibt's weißen Senf noch zum Verdauen,
da braucht die Votz nicht lang zu kauen.

Die Marie, die rief hocherfreut:
Das alles steht mir ja bereit,
bei meinem Schatz, dem Metzgerbursch:
das Rippchen und die warme Wurscht.

Reiseandenken

Es zogen drei Burschen wohl über den Rhein,
bei einer Frau Wirtin, da kehrten sie ein.

Frau Wirtin, hat sie gut Bier und Wein?
Wo hat sie ihr schönes Töchterlein?

Mein Bier ist gut, mein Wein ist süß,
mein Töchterlein hat die Syphilis.

Und als sie traten zur Kammer hinein,
da beizte sie gerade mit Höllenstein.

Der Erste, der drehte den Schleier zurück,
er hätte sie gar zu gerne gefickt.

Der Zweite, der deckte sie wieder zu.
Er trat in die Ecke und wichste dazu.

Der Dritte hat sie dann endlich gefickt
und auch eine richtige Syph gekriegt.

Er hat sie bekommen, er hat sie noch heut,
er wird sie behalten in Ewigkeit.

Glücksritter

Begraben liegt hier Ritter Kurt,
der hat im Leben viel gehurt.
Die wahre Liebe kannt' er nie,
drum starb er an der Venerie.

Jetzt sitzt der alte Lümmel
kreuzfidel im Himmel
und trägt einen funkelnagel-,
nagelneuen Pimmel.

Erbschaft

An der Möse von Agathen
krabbeln tausend Filzpiraten.
Und das ganze Lausepack
hab ich nun an meinem Sack.

Obertöne

Klöten rasseln in den Lüften,
Mösen zwitschern in den Klüften,
und zwei dichtbehaarte Ärsche
blasen Chopins Trauermärsche.

Hurentestament

Meine Mutter tut mich hassen,
weil ich eine Hure bin;
und ich kann es doch nicht lassen;
hab so gerne einen drin.

Meine Kleine ziert die Beine,
bringt mir manchen Taler ein;
darum halt ich sie stets reine,
reib sie mit Champagner ein.

Lasst, wenn einst ich werde sterben,
Schwänze auf mei'm Grabe ruhn.
In das Kreuz sollt ihr dann gerben:
Hier ruht eine alte Hur!

Oh, Susanna
Nach der Melodie: Trink ma noch ein Tröpfchen!

Gib mir noch ein Stößgen,
gib mir noch ein Stößgen
in das kleine Unterhöschen.
Mach mir keine Schmerzen;
du liegst mir am Herzen;
holdes Kind, ich fippe dich!
Oh, Susanna, wie ist das Leben doch so schön,
Oh, Susanna, wie ist das Leben schön!

Zielübung

Der Mensch, das ist ein Säugetier,
gefüllt mit roter Tinte,
hat hinten ein Kanonenrohr
und vorne eine Flinte.

Darunter hängt der Pulversack,
gefüllt mit zwei Patronen.
Das schiebt er gern zum Zeitvertreib
den Madeln in den Unterleib.

Werbespruch

Fick, fick, fick, mein Schwanz ist dick,
hat Haare wie ein Seilerstrick,
hat Eier wie ein Butterfass,
Mädchen, wie gefällt dir das?

Norddeutsch

Bekehrung

Ich kehrte einst in Hamburg ein
und trank 'ne Flasche Wein.
Und als ich in der Stube war,
da saß ein Mädel pudelnackt:
Oho, oho, sag, Mädel, wat hes de do?

Das Mädchen schämt sich sehr
und hielt die Hand davor.
Doch als sie meinen Bruder sah,
die Hand geschwind vom Loch sie nahm:
Oho, oho, sag, Mädel, wat hes de do?

Seglerglück

Wir saßen zusammen im Boote,
der Nordwind schwellte die Segel;
ich riss manch kräftige Zote,
sie sagte, sie hätte die Regel.

Wir lagen zusammen im Boote,
sie unter dem Hintern das Segel;
vergessen war jegliche Zote,
vergessen war jegliche Regel.

Abzählreim

Eins zwei drei vier fünf sechs sieben,
wo ist denn mein Schatz geblieben?
In Berlin, in Stettin,
wo die Rosen zweimal blühn.
Jungen schlafen in Rattenecken,
Mädchen schlafen in seidnen Betten.
Jungen tragen Rattenschwänze,
Mädchen tragen Lorbeerkränze,
Mädchen kommen auf den Ball,
Jungen in den Schweinestall.

Augentrug

Mariechen sitzt am Fenster.
Mariechen sitzt und stickt.
Man sieht's ihr an den Augen an:
Sie hat heut Nacht ge-weint.

Grabspruch

Hier ruht sie, wie sie sonst zu
    ruhen pflegte
und wie sie dazumal den Arsch bewegte.
Drum, lieber Wandrer, steh hier still,
spiel an deiner Nill, und spritz ihr eine
    Träne zu.

Spätfolgen

Das Walross rülpst in den Fluten,
Waldesel furzen am Strand,
da hab ich mir bei der Guten
das ganze Gemächte verbrannt.

Nun geh ich still zum Dome,
im Herzen süßer Frieden,
am Sacke Kondylome,
am Arsche Hämorrhoiden.

Ermessensfrage

Und die Elsa von Brabant
war im ganzen Land bekannt.
Doch man wusste nicht genau,
war sie Jungfrau oder Sau.

Und der Ritter Lohengrin
dachte her und dachte hin.
Sollt er sie noch einmal vögeln
oder gleich von dannen segeln.

Österreichisch

Fehlgriffe

Meine Frau, die olle Sau,
die hott' se su weit unten.
I hob' die ganze Nacht gesucht
un' hob' 'se net gefunden.

Frühfrust

Morgens um vier kräht schon der Hahn.
Und der Saukerl hat's mir noch nit getan.

Bettgeschenk

Unser Dirn wird schlafrig,
kein Mensch kann's dawecken.
Da kommt der Knecht und legt si drauf
und lasst ihr'n drinnat stecken.

Und wie die Dirn drauf munter wird,
da glaubt's, es ist a Trud:
Ei, potztausend schlapparament,
was steckt in meiner Fut?

Pflegefall

Unter meinem Hosenknopf
steht ein Pomeranzenstock.
Welches Mädchen ist so keck,
beißt ihn von der Wurzel weg.

Gebrauchsanleitung

Steck ihn ein, steck ihn ein,
steck ihn nicht daneben.
Ich bin ein armes Mädchen
und muss davon leben.

Sprachverwirrung

Ich und meine Alte
tun uns gern bekriegen.
Sie spricht oft von Vögeln,
ich seh keine fliegen.

Vorsorge

Mädchen, heb's Kleidchen,
es kommt ein Reiter.
Ist dein Ding zu eng,
macht er's dir weiter.

Doppelspitze

Gib mir ein Küsschen,
du neckisches Ding.
Ich spür's im Herzen
und in der Hose drin.

Unlust

Fut lustig, Schwanz traurig,
geh weg vom mein'm Ding,
er ist schon ganz schläfrig,
lass ihn nicht so lang drin.

Morgenfrust

Um eins, um zwei,
kräht schon wieder der Hahn,
und der Saukerl hat's mir
noch immer nicht getan.

Für unfruchtbare Frauen ist das Beste,
was das Bad nicht tut, das tun die Gäste.
Werbespruch aus Baden bei Wien, um 1880

Frau Wirtins kleines Sexikon

Postkarte um 1900

A = Aha-Erlebnisse

Zwei junge Leute küssen sich vor der Haustür. Von der Kirchturmuhr schlägt es Mitternacht. »Um Himmels willen«, sagt sie, »ich sollte längst drin sein!« Erwidert er: »Ich auch!«

»Mein Freund, im Vertrauen, ich habe läuten hören, dass du nicht mehr richtig bumsen kannst?« – »Wieso? Hat deine Frau sich beschwert?«

Beim Zahnarzt. Die Schwester fragt: »Waren Sie schon einmal hier?« – »O ja, der Doktor wird sich hoffentlich an mich erinnern. Sagen Sie ihm, die kleine Schwarzhaarige sei da, der er vor neun Monaten die Füllung gemacht hat.«

Tochter Conny kommt von ihrer ersten Party nach Hause. Fragt die Mutter: »Na, Kind, warst du auch artig?« – »O ja, Mami, Sven hat gesagt, ich war sogar großartig.«

»Wohin soll's gehen?«, erkundigt sich der Taxifahrer bei dem Pärchen, das eng umschlungen auf dem Rücksitz Platz genommen hat. »Egal«, sagt der junge Mann, »Hauptsache, die Straße ist schön holprig.«

»Hast du schon gehört, dass es jetzt ein Laboratorium gibt, wo man männlichen Samen einfrieren kann?« – »Kenn ich – meine Frau hat so eins.«

B = Berufliches

Am Morgen nach der ersten Nacht. »Was bist du eigentlich von Beruf?« – »Anästhesist!« – »Hätte ich mir denken können, ich habe überhaupt nichts gespürt.«

Die Tochter kehrt aufgelöst von einem Wochenendausflug zurück. »Mutti, ich habe mich mit einem Assistenzarzt verlobt.«– »Aber Kind, der hat doch noch keine Praxis.« – »Aber doch! Und was für eine, ich kann dir gar nicht alles erzählen.«

Eine Frau kommt zum Arzt. »Komisch«, sagt der Arzt. »Sie sind dreimal verheiratet gewesen und immer noch unberührt.« – »Ja«, sagt sie, »das kommt daher: Mein erster Mann war Musiker und hat immer nur gespielt. Mein zweiter Mann war Architekt und hat immer nur geplant. Mein dritter Mann war Beamter und hat immer gesagt: Machen wir morgen!«

Ein Kardiologe wird beerdigt. Hinter dem Sarg das riesige Modell eines Herzens. Als der Pfarrer endigt und alle Abschied nehmen, klappt das Herz auf, der Sarg rollt hinein, und das Herz klappt zu. In diesem Augenblick fängt ein Trauergast laut zu lachen an. Fragt ihn der Nächststehende: »Warum lachen Sie denn?« – »Ich musste an meine eigene Beerdigung denken.« – »Was gibt es da zu lachen?« – »Ich bin Gynäkologe.«

»Hast du schon gehört, Olga hat geheiratet!« – »Nein, wie denn das?« – »Sie hatte drei Bewerber: einen Piloten, einen Fernfahrer und einen Briefträger.« – »Und welchen hat sie genommen?« – »Den Briefträger.« – »Warum denn das?« – »Ganz einfach: Er kommt zweimal am Tag!«

»Und wie sind Sie so auf der Schreibmaschine?«, fragt der Chef seine neue Sekretärin. »Ich weiß nicht genau – auf der Schreibmaschine habe ich es noch nie probiert.«

»Na du«, fragt der Vater seine Tochter, die sich beim Film beworben hat, »hast du die ersten Proben beim Regisseur schon hinter dir?« – »Ja, Papa, es waren aber vorerst nur Stichproben!«

Zwei Computerfreaks mit Orgasmusproblemen nachts im Bett. Sie: »Kannst du nicht runterladen?« Er: »Geduld! Ich mache erst mal einen Neustart und fahre wieder hoch.«

Es ist immer ein Unterschied, ob ein Bäcker um sechs mit dem Sieben beginnt oder um sieben mit dem Sex.

C = Chauvis

Gespräch unter Freunden. »Man sagt, du bist im Bett so stark wie ein Baum.« – »Stimmt, aber ich finde es nicht nett von deiner Frau, dass sie das überall herumerzählt.«

Ein Jäger ist Vater von Drillingen geworden. Beim Halali gratulieren die anderen: »War ja ein Supertreffer, Kamerad!« – »Danke für die Komplimente«, antwortet der Waidmann. »War Jägerglück. Alte Büchse, streut ein bisschen.«

Am Swimmingpool treffen sich zwei Sexprotze und schwadronieren über ihre Lendenkraft. Zieht der erste seine Hose runter, hält seinen Penis ins Wasser und meldet: »Exakt 22,04 Grad Wassertemperatur.« Tut der andere es ihm gleich, taucht seinen Penis ebenfalls ins Wasser und sagt cool: »Und genau 1,92 Meter tief!«

Ein Betrunkener an der Bar: »Wieso brauchen Frauen eigentlich Geld? Sie trinken nicht, rauchen nicht, und Weiber sind sie selber.«

Drei junge Sächsinnen ritzen einen Reim in die Parkbank: »Wir sind drei Mädchen aus Sachsen, uns ist keiner gewachsen.« Am nächsten Tag steht darunter: »Ich bin ein Student aus Halle, meiner passt für alle!«

D = Damenwahl

Gleich nach der Hochzeit formuliert er seinen Tagesplan für das Eheleben: »Morgens um sieben ist das Frühstück fertig, egal ob ich zu Hause bin oder nicht, klar?« – »Klar!« – »Mittags um halb eins ist das Essen fertig, egal ob ich zu Hause bin oder nicht, klar?« – »Klar!« – »Und um 19 Uhr ist das Abendessen fertig, egal ob ich zu Hause bin oder nicht, klar?« – »Klar! Und jetzt kommt mein Wochenplan: Montag, Mittwoch und Samstag wird gebumst, egal ob du zu Hause bist oder nicht. Klar?«

Nach vielen Monaten auf hoher See nimmt das Schiff Kurs auf den Heimathafen. Ein ausgetrockneter Matrose telefoniert mit seiner Braut: »Am besten, du bringst gleich eine Matratze mit zum Kai.« – »Okay«, sagt sie, »aber sieh zu, dass du als Erster von Bord kommst!«

Ein Ehemann kehrt von der Reise zurück und findet seine Frau mit seinem besten Freund im Bett. »Warum ausgerechnet der?«, schreit er. »Liebling, sei nicht traurig«, tröstet die Frau. »Ich wollte eben nicht fremdgehen.«

Nach der Hochzeitsnacht fragt er: »Meinst du, du kannst mich jetzt immer noch genauso lieben wie vorher?« – »Aber sicher! Ich war schon immer scharf auf verheiratete Männer!«

E = Eheduelle

Nachts gegen halb eins nach einem Liebesfilm im Fernsehen auf der Couch. Ach, seufzt er, wäre es schön, wenn du jetzt geil wärest!
Gibt sie zurück: Ach, wäre es geil, wenn du jetzt schön wärest!

Sie: »Ich glaube, du liebst mich nicht mehr.« Er: »Man wird ja wohl mal zehn Minuten verschnaufen können!«

»Wo hatte ich nur meinen Kopf, als ich dir einen Heiratsantrag gemacht habe?« – »Das kann ich dir genau sagen: Zwei Handbreit unter meinem Nabel.«

Sie: »Mein neuer Arzt ist fantastisch. Er hat mir gesagt, was für eine schöne Haut ich als Fünfzigjährige habe. Und was für sensationelle Brüste. Und was für tolle Beine.« Er: »Und was hat er zu deinem Arsch gesagt?« Sie: »Ach Gott, von dir haben wir gar nicht gesprochen.«

Sie beobachtet ihn beim Kofferpacken und fragt: »Was hast du vor?« – »In der Südsee gibt es eine Insel, auf der Männer für jedes Mal Sex mit einer Frau 25 Mark bekommen.« – »Oh, da komme ich mit.« – »Was hast du dort zu suchen?« – »Will mal sehen, wie du mit 25 Mark im Monat auskommst.«

F = Frauentalk

Zwei Freundinnen beim Kaffeeklatsch. »Wenn mein Mann mit mir schläft, ist das, als ob der Vesuv ausbricht.« – »So stark, so feurig?« – »Nein, so selten.«

»Wie war es denn gestern auf der Party?« – »Ich kam mir vor wie bei einer Schiffstaufe.« – »Wieso?« – »Soll heißen, dass ich von einer Flasche gebumst worden bin.«

Eine Freundin fragt: »Hast du mal mit meinem Mann geschlafen?« – »Das würde ich doch nie im Leben tun!« – »Solltest du aber, er ist viel besser als deiner.«

Rückkehr von der Geschäftsreise. Frage an der Schwägerin: »Könnte es sein, dass du inzwischen mit meinem Ulli geschlafen hast?« – »Ja, entschuldige bitte, ich hätte es dir längst sagen sollen. Ich wollte ja nur mal den Unterschied zwischen den beiden Brüdern feststellen.« – »Warum hast du mich nicht gefragt? Das hätte ich dir längst sagen können.«

»Stimmt es, dass dein Mann aus Paris ein Andenken mitgebracht hat?« – »Ja, leider. Und ich muss noch dreimal zur Nachbehandlung, bis ich es los bin.«

Zwei gereifte Damen im Café. »Mein Mann ist gestorben. Ich hab's erst gar nicht bemerkt.« – »Wieso das?« — »Im Bett war er wie immer. Aber das Bier wurde und wurde nicht alle.«

G = Glückskinder

Beim Vaterschaftsprozess erscheint die junge Mutter mit ihrer besten Freundin. Die Richterin fragt: »Haben Sie auch eine Ladung bekommen?« – »Nein«, antwortet die Begleiterin, »mich hat er nur geküsst.«

Am Morgen nach dem Betriebsfest fragt mit schwerem Kopf ein Mann seine Frau: »Wieso war denn der Chef zu mir so eisig und so freundlich zu dir?« – »Ach Gott, du hast zu ihm gesagt, dass er ein Arschloch ist.« – »Und dann?« – »Hat er gesagt, dass er dich feuert.« – »Der Kerl kann mich mal!« – »Siehst du, das habe ich auch zu ihm gesagt. Und jetzt hast du deinen Job wieder.«

Geburtenklinik. Ein Neugeborenes hat schwarze Haut, semmelblonde Ostfriesenhaare und chinesische Schlitzaugen. Sagt die Hebamme zur Mutter: »Wissen Sie, es geht mich ja nichts an, aber an Ihrer Stelle wäre ich in Zukunft beim Gruppensex vorsichtiger.« Die junge Mutter lächelt milde: »Was heißt hier vorsichtiger? Ich bin ja so froh, dass es nicht auch noch bellt.«

Der Hausherr hat das Hausmädchen in der Besenkammer beglückt und stöhnt: »Mit dir ist es viel schöner als mit meiner Frau.« Gesteht sie ihm: »Das sagt der Briefträger auch.«

H = Hilfesuchende

»Herr Psychologe, halten Sie es für richtig, wenn ich mit meiner fünfzehnjährigen Tochter über Sex spreche?« – »Aber sicher, gnädige Frau – man lernt nie aus!«

Schwesterchen hockt mit Brüderchen in der Badewanne. »Mami, warum habe ich nicht so ein Ding zwischen den Beinen?« – »Geduld, mein Kind, Geduld!«

Eine Frau klagt ihrem Arzt, dass sie noch nie Geschlechtsverkehr gehabt habe, obwohl sie seit zwei Jahren verheiratet ist. »Bringen Sie das nächste Mal Ihren Mann mit zum Termin«, rät der Arzt. So geschieht es. Der Arzt zieht die Patientin aus, nimmt sie Maß vor den Augen ihres Mannes und sagt schließlich: »So, Herr Meier, und das braucht Ihre Frau zwei- bis dreimal in der Woche.« Der Ehemann: »Herr Doktor, muss ich da jedes Mal mitkommen?«

Ein abenteuerlustiges Mädchen will ohne Geld zu Schiff nach Amerika. Ein Matrose bietet seine Hilfe an und versteckt sie im Laderaum. Jede Nacht kommt er und holt sich seine Belohnung. Nach drei Wochen wird ihr das zuviel und sie stellt sich dem Kapitän: »Ich bin eine blinde Passagierin. Aber sagen Sie mir bitte, wann laufen wir endlich New York an?« – »New York, mein liebes Fräulein? Sie sind auf dem Fährschiff Sassnitz–Trelleborg.«

I = Irrläufer

»Hast du von Meiers Unglück gehört?« – »Nein, was ist passiert?« – »Er ist mit meiner Frau durchgebrannt.«

Fragt der Frauenarzt: »Möchten Sie, dass Ihr Mann bei der Geburt anwesend ist?« – »Nicht nötig, er war ja auch bei der Zeugung nicht dabei.«

Zwiegespräch im Bürgerhaushalt. Sie: »Unser neues Hausmädchen ist schwanger. Was sagst du dazu?« Er: »Unsinn! Nach drei Tagen kann das der Arzt noch gar nicht feststellen!«

Die Ehefrau findet ihren Mann mit einer Gespielin im Bett. »Nur eine kleine Straßenbekanntschaft«, sagt er. »Sie war hungrig, da hab ich ihr was zu essen gemacht. Dann hab ich ihr die Sandalen geschenkt, die du seit zwölf Jahren nicht getragen hast. Ihr zerrissenes T-Shirt habe ich gegen eine Bluse getauscht, die du nie anziehst, und dann hat sie mich gefragt, ob sie dir irgendeine Arbeit abnehmen kann.« – »Und was hast du geantwortet?« – »Ich habe gesagt: Danke, das machen wir am besten gleich.«

Ein gutaussehender Mann betritt verklemmten Schritts die Apotheke und sagt: »Ich habe eine Dauererektion. Was können Sie mir da geben?« Die Apothekerin zögert nicht: »Freies Wohnen und drei Mahlzeiten am Tag.«

J = JasagerInnen

»Rita, hat dein Mann auch schon mal einen Fremden in eurem Kleiderschrank gefunden?« – »Nein, alle waren seine Kegelbrüder.«

Ernst und Erna gehen durch den Wald. Sagt sie: »Sei ehrlich, ich habe das Gefühl, du willst mich bumsen.« – »Hältst du mich etwa für einen Lustmolch?«, protestiert er. Erna etwas später: »Ernst, du kannst leugnen, soviel du willst, aber ich habe das Gefühl, du willst mich bumsen.« – »Ich schwöre, Erna, ich denke überhaupt gar nicht daran.« Schließlich bleibt sie stehen: »Ernst, tu mir den Gefallen und mach, dass ich dieses blöde Gefühl loswerde.«

Der Generaldirektor bei der Rückkehr vom Dienstausflug zu seinem Fahrer: »Schlimm, schlimm. Meine Sekretärin ist beim Sex genauso langweilig wie meine Frau.« – »Das ist mir auch schon aufgefallen«, bekennt der Fahrer. »Ihre Tochter ist da ganz anders.«

Drei Männer im Eisenbahnabteil, ihnen gegenüber eine leicht bekleidete Dame. Da fährt der Zug in einen Tunnel ein, und im Abteil geht kein Licht an. Als es nach drei Minuten noch immer nicht hell geworden ist, sagt einer der Männer in die Dunkelheit hinein: »Gell, Fräulein, der ist aber lang.« Antwortet sie: »Demnach ist es also Ihrer!«

K = Kalauer

Zwei Penisse gehen ins Kino. Sagt der eine zum anderen: »Hoffentlich läuft kein Sexfilm, sonst müssen wir wieder den ganzen Abend stehen.«

Treffen sich zwei Viagra-Pillen: »Weißt du schon, wer verhaftet worden ist?« – »Nee.« – »Der Penis!« – »Und warum?« – »Er hat gestanden.«

Woraus besteht eine kinderlose Ehe?
Aus Spaßvögeln.

Zwei Männer beobachten, wie ein Mädchen auf der Straße stolpert und stürzt. »Die Arme«, meint der eine. Sagt der andere: »Na, guck dir erst mal die Beine an!«

Annonce in der Lotto-Annahmestelle: Einsame Frau mit sechs Richtigen sucht Mann mit einem Richtigen.

In einem Frauenkörper wohnen drei Bazillen. Eine im Ohr, die andere im Bauchnabel und die dritte in der Vagina. Einmal treffen sich alle zum Klatsch. Stolz erzählt die Ohrbazille: »Zu mir kommt immer ein Wattestäbchen und putzt die ganze Wohnung.« Darauf die Bazille vom Bauchnabel: »Mir reinigt jeden Tag ein Schwamm das ganze Haus.« Seufzt die dritte: »Habt ihr's gut! Zu mir kommt jeden Tag ein Glatzkopf und sabbert die ganze Bude voll.«

L = Lustmolche

Ein Segler lädt ein Mädchen ein auf sein Boot. »Das wird meine Jungfernfahrt«, sagt sie. Antwortet er: »Aber nur die Hinfahrt.«

In der Kirche der Unbefleckten Empfängnis betet eine lüsterne Nonne: »Heilige Jungfrau Maria, die du empfangen hast, ohne zu sündigen, gib, dass ich gesündigt habe, ohne zu empfangen.«

Zwei Nonnen gehen im Park spazieren und werden von zwei Mönchen überfallen. »Herr, vergib ihnen«, ruft die eine aus, »denn sie wissen nicht, was sie tun.« – »Meiner weiß es«, stöhnt die andere.

Schneewittchen zieht sich mit ihrem Prinzen ins Schlafgemach zurück. Die sieben Zwerge wollen gerne wissen, was hinter der Tür vor sich geht. Sie klettern übereinander, so dass der ganz oben durch das Schlüsselloch gucken kann. »Er zieht sie aus!«, sagt er zu seinem Untermann. Der gibt das weiter an den nächsten. Die Nachricht wandert von oben nach unten. Dann: »Er streichelt sie!« Sechsmal echot es. Wieder der Oberzwerg: »Er steckt ihn rein!« Auch diese Nachricht wandert von oben nach unten. Eine Weile herrscht Schweigen. Plötzlich von oben der entzückte Ausruf: »Ihm kommt es!« Und sechsmal piept das Echo: »Mir auch! Mir auch! Mir auch! Mir auch! Mir auch! Mir auch!«

M = Missverständnisse

Eine junge Frau, wallendes Blondhaar, viel Holz vor der Hütte, besteigt die Straßenbahn. Es ist die Zeit, als es auf jedem Perron noch Schaffner gab. Der Schaffner knistert mit seinem Fahrscheinblock und mustert die Aufregende bis unter die Taille. »Wie weit?«, krächzt er. Die Frau wirft ihm einen giftigen Blick zu: »Du Ferkel, ich frag dich doch auch nicht, wie lang?«

Der Richter fragt den Angeklagten: »Wieso haben Sie Ihre Frau umgebracht und nicht den Liebhaber?« – »Ich wollte kein Serienmörder werden!«

Ein Mann kommt in die Kneipe, setzt eine Katze auf den Tresen und verlangt zehn Bier, zehn Klare und zwanzig Bouletten. Während er Bier und Klaren kippt, verschlingt die Katze die zwanzig Bouletten. Der Gast greift in die Tasche, knallt ein Geldbündel auf den Tisch und verlässt mit der Katze unterm Arm ohne zu schwanken das Lokal. Am folgenden Tag der gleiche Auftritt. Beim Kassieren fragt der Wirt, was das zu bedeuten habe. Antwort: »Ich habe eine gute Fee getroffen und hatte drei Wünsche frei. Als Erstes hab ich mir gewünscht, immer so viel trinken zu können, wie ich will, ohne besoffen zu werden. Mein zweiter Wunsch war, immer so viel Geld in der Tasche zu haben, wie ich gerade brauche.« – »Und was war dein dritter?« – »Beim dritten Wunsch hat die Fee mich falsch verstanden. Als Drittes wollte ich eine unersättliche Muschi!«

N = Nothelfer

Ein ehemaliger Klassenkamerad zum anderen: »Du hast vier Kinder, und ich keine, wie hast du das gemacht?« – »Da nimmste deine Frau, ziehst sie aus und setzt sie in die Badewanne.« – »Und dann?« – »Rubbelst sie ab.« – »Und dann?« – »Bestäubst sie mit Parfüm.« – »Und dann?« – »Trägst sie ins Bett.« – »Und dann?« – »Licht aus.« – »Und dann?« – »Holst du mich!«

Golfspielen gehört nicht zu den augenfälligsten Fähigkeiten der Blondine. Deshalb rät ihr der Trainer: »Sie dürfen den Schläger nicht halten wie einen Regenschirm. Stellen Sie sich einfach vor, es wäre der Penis Ihres Freundes.« – »Gern«, sagt sie, holt aus, trifft den Ball voll und schlägt ihn über 130 Meter genau ins Loch. »Sensationell«, jubelt der Golflehrer, »und jetzt nehmen Sie den Schläger aus dem Mund und versuchen es noch mal mit den Händen.«

Ein ungleiches Paar auf Hochzeitsreise checkt ein in einem Hotel namens Shakespeare. Alle Zimmer sind nach den Werken des großen Dramatikers benannt. Mit einem Seitenblick auf den wesentlich älteren Gatten empfiehlt der Wirt zur Auswahl die Zimmer »Sommernachtstraum« oder »Der Widerspenstigen Zähmung«. Sagt die junge Ehefrau: »Falls es noch frei ist, geben Sie uns lieber das Zimmer ›Viel Lärm um nichts‹.«

O = Onanisten

Dialog zwischen einem Börsenjobber und seiner unpässlichen Mitarbeiterin nachts im Bett. Er: »Mein Kapital steigt.« Sie: »Börse heute wegen Kursabsturz geschlossen.« Sie drehen einander den Rücken zu. Am nächsten Morgen flüstert sie zu ihm hinüber: »Börse jetzt geöffnet.« Er: »Zu spät. Kapital über Nacht unter der Hand verschleudert.«

Im Schnellrestaurant. Drei gutgekleidete Krawattenträger nehmen Platz an einem Tisch und onanieren hektisch. »Was soll denn das?«, empört sich die Kellnerin. »Keine Zeit«, antwortet der Erste. Sie versteht nicht. »Wir müssen gleich wieder ins Büro«, fügt der Zweite hinzu. Sie blickt immer noch verständnislos auf das Geschehen unter der Tischkante. Da rafft sich der Dritte zu einer Ergänzung auf: »An der Tür hängt ein Schild: Wer zuerst kommt, wird zuerst bedient.«

Ein älteres Ehepaar verfolgt im Fernsehen die Ratschläge eines Wunderheilers. Dieser sagt: »Und nun, Ihr guten Menschen zu Hause auf der Couch, will ich euch mit Gottes Hilfe heilen. Legt eine Hand auf den Körperteil, der geheilt werden soll, und seid bereit.« Sie legt ihre Hand aufs Herz, er seine in den Schoß. »Gustav«, rüffelt sie ihn, »er will Kranke heilen, nicht Tote erwecken.«

P = Pechvögel

Ein Familienvater beim Hausarzt. Der fragt: »Na, wie geht's uns denn?« – »Mein Sohn hat sich auf einer Party den Tripper geholt.« – »Dann schicken Sie doch ihn vorbei.« – »Ja, Herr Doktor, aber inzwischen hat er das Dienstmädchen angesteckt.« – »Dann soll sie auch kommen.« – »Ja, aber von der habe nun ich es.« – »Also, dann machen Sie sich mal frei!« – »Gut, aber inzwischen hab ich meine Frau angesteckt.« – »Großer Gott«, stöhnt der Arzt, »dann haben wir es ja alle.«

Ein soeben eingetroffener Bargast fragt seinen Nachbarn: »Warum sind denn hier alle Hocker nummeriert?« – »Wegen der Reihenfolge«, antwortet der Nebenmann. »Der Keeper hier dreht alle halbe Stunde am Roulette. Und wenn deine Zahl kommt, darfst du bei der Orgie im ersten Stock mitmachen.« – »Mann, das ist ja super! Und warum machst du so ein mürrisches Gesicht?« – »Meine Nummer kommt und kommt nicht. Aber meine Verlobte ist schon zum vierten Mal oben.«

Ein Ehepaar kommt in den Himmel. Petrus fragt nach dem Sündenregister. Für jeden Seitensprung soll es einen Nadelstich geben. Die Frau gesteht, ihren Mann dreimal betrogen zu haben und wird dreimal von einem Engel gepiekt. Als sie sich davon erholt hat, fragt sie: »Und mein Mann?« Darauf Petrus: »Der liegt schon unter der Nähmaschine.«

Q = Quertreiber

Der Oberlehrer am Montagmorgen nimmt einen seiner Gymnasiasten beiseite und zischelt: »Junger Mann, Sie haben meiner Tochter die Unschuld geraubt! Was haben Sie dazu zu sagen?« Treuherziger Blick zurück: »Ich werde es bestimmt nicht wieder tun.«

Mitten im Liebesspiel klingelt das Telefon. Sie nimmt trotzdem ab. Als sie wieder aufgelegt hat, beruhigt sie ihn: »Keine Sorge! Es war mein Mann. Er wollte mir nur mitteilen, dass er heute erst spät nach Hause kommt, weil er mit dir noch einen trinken gegangen ist.«

Schnauzt ein Vater seinen Sohn an: »Wenn du noch einmal ein so schlechtes Zeugnis nach Hause bringst, kriegst du eine Woche lang nichts zu essen. So wahr ich dein Vater bin!« Darauf die Mutter: »Keine Angst, mein Kind, du bekommst dein Essen!«

Ein altgewordener Fußballfan heiratet noch einmal. In der Hochzeitsnacht gesteht er ihr: »Liebling, ich habe leider Asthma.« – »Das beruhigt mich«, gibt sie zur Antwort. »Ich dachte schon, du pfeifst mich aus.«

Eheberatung. »Sprechen Sie mit Ihrem Mann, wenn Sie Verkehr haben?«, will der Psychiater wissen. »Nein, niemals. Er hat mir verboten, ihn im Geschäft anzurufen.«

R = Ratespiele

Warum sind in Schwaben die Bürotische immer so sauber? Weil abends der Chef mit der Sekretärin noch mal drüber geht!

Wie heißt Liebe auf bayrisch? Reit im Winkl!

Woran erkennt einer, dass er alt ist? Wenn er in die Apotheke geht und die Verkäuferin ihn fragt, ob sie ihm die Kondome als Geschenk verpacken soll.

Warum kann die Hälfte aller Männer nach dem Geschlechtsverkehr nicht einschlafen? Weil sie noch nach Hause fahren müssen.

Was ist der Unterschied zwischen einem Mann, der eine Flasche Whisky trinkt, und einem anderen, der eine Packung Viagra schluckt? Der eine hat dann einen sitzen, dass er nicht mehr stehen kann. Der andere hat dann einen stehen, dass er nicht mehr sitzen kann.

Hast du schon gewusst, dass man vom Onanieren taub werden kann? Wie bitte?

Was ist niedere Mathematik? Wenn ein angehender Abiturient morgens um drei die Wurzel aus einer Unbekannten zieht.

Was ist der Unterschied zwischen einem Jäger und einem Schürzenjäger? Ein Jäger hat den Hasen im Rucksack, die Büchse geschultert und der Hund steht. Ein Schürzenjäger hat den Hasen im Bett, die Hand an der Büchse und der Hund steht nicht.

Was macht eine Blondine, nachdem sie morgens aufgestanden ist? Sie zieht sich an und geht nach Hause.

Was ist der Unterschied zwischen einer achtjährigen und einer achtzehnjährigen alten Blondine? Die achtjährige schwänzt die Schule; die achtzehnjährige schult die Schwänze.

Was ist der Gipfel des menschlichen Vertrauens? Wenn zwei Kannibalen Oralsex miteinander haben.

Hat der Vollmond Auswirkungen auf das Sexualleben der Menschen? Bei mir schon, dann kann ich die Nachbarin besser mit dem Fernglas beobachten.

Mutter, was soll ich in der Hochzeitsnacht anziehen? Am besten die Knie.

S = Seniorensex

Eine ältere Dame beim Anwalt: »Ich will mich scheiden lassen.« – »Kein Problem. Und der Scheidungsgrund?« – »Ach, mein Mann ist jetzt zu 200 Prozent impotent.« – »Sie meinen: total impotent.« – »Nein, 200 Prozent impotent. Ich meine, dass er schon immer total impotent war. Aber gestern ist er über den Teppich gestolpert und hat sich auch noch die Zunge abgebissen.«

»Was ist der Unterschied zwischen Angst und Panik?«, fragt die Psychologin ihren ältesten Patienten. »Angst«, antwortet dieser, »bekommt man dann, wenn man zum ersten Mal feststellt, dass es zum zweiten Mal nicht mehr geht. Panik ergreift einen, wenn man zum zweiten Mal merkt, dass es beim ersten Mal nicht mehr geht!«

Partnerschaftsreise für Senioren. »Wie viele Männer hast du eigentlich vor mir gekannt?«, fragt er seine Urlaubsbekanntschaft. Schweigen. »Verzeih mir. Eine dumme Frage. Bitte vergiss es!« Eine Stunde vergeht, und sie schweigt immer noch. »Bist du mir jetzt böse?« – »Ach wo! Ich zähle noch.«

Verwirrt erscheint die vierzehnjährige Enkelin im Seniorenheim: »Oma, in der U-Bahn saß ein Mann neben mir, der hat mir die Hand auf die Schulter gelegt, dann aufs Knie, und dann …« – »Hör auf«, ruft die Oma, »du machst mich ganz geil!«

T = Tunichtgute

Oh Otto, lass uns hier nicht parken!
Oh Otto, lass uns hier nicht ...!
Oh Otto, lass uns hier ...!
Oh Otto, lass uns ...!
Oh Otto, lass ...!
Oh Ottooo ...!
Oh ...!

Ein Gigolo im Beichtstuhl: »Ich war mit einer fremden Frau beisammen.« Der Pfarrer will wissen, mit welcher, aber der Sünder rückt nicht mit der Sprache heraus. Der Pfarrer versucht ihm helfen: »War's die Marie?« – »Nein!« – »War's die Ulla?« – »Nein!« – »Dann war's wohl die Elke?« Nichts zu machen. Der Reuelose verlässt die Kirche, ohne einen Namen preiszugeben. Draußen berichtet er seinem Freund: »Voller Erfolg. Ich hab drei neue Adressen!«

Ein Ehemann ertappt seine Frau mit einem anderen im Bett und beobachtet das Geschehen eine Weile mit Neid. Dann packt er den Rivalen, schleift ihn zum offenen Fenster und wirft ihn hinaus. »Um Himmels willen«, schreit die Frau, »du wirst ihm den Hals brechen.« – »Wieso denn? Wer so vögelt, muss auch fliegen können!«

U = Unschuldsengel

Die Vierzehnjährige kommt heulend aus dem Kino nach Hause. »Mami, mir ist in der Vorstellung das Portemonnaie gestohlen worden.« – »Um Himmels willen, wo hast du es denn gehabt?« – »In meinem Höschen.« – »Hast du denn nicht gemerkt, wie da einer hinlangte?« – »Doch, aber ich dachte, er hätte ehrliche Absichten.«

Eine Nonne gesteht der Oberin, dass sie verführt worden sei. Die Oberin rät: »Trinke Zitronensaft!« – »Und das gibt mir meine Unschuld zurück?« – »Nein, aber es vertreibt dir den seligen Gesichtsausdruck.«

Eines Abends verkündet die zehnjährige Tochter in der Familienrunde: »Damit ihr's alle wisst: Ich bin keine Jungfrau mehr.« Kurzes Schweigen. Dann schreit der Vater die Mutter an: »Du bist schuld! Du kleidest dich wie eine Nutte und fluchst obszön vor den Ohren unserer Tochter.« Dann nimmt er sich die größere Schwester vor: »Du bist mitschuldig! Vögelst mit jedem auf unserem Sofa und machst nicht mal die Spuren weg.« Daraufhin die Mutter zum Vater: »Und du lässt dir jeden Freitag von der Sekretärin einen blasen, die dann hier aufruft und fragt, ob du gut nach Hause gekommen bist.« Endlich kommt die Zehnjährige wieder zu Wort: »Ich weiß gar nicht, warum ihr euch so aufregt. Nur weil die Lehrerin meine Rolle im Weihnachtstheater getauscht hat und ich nicht mehr die Jungfrau spiele, sondern den Hirten!«

V = Voyeure

»Dein Mann hat mir gestern im Garten ein Rotschwänzchen gezeigt.« – »Gut, dass ich das weiß. Dann ist mein Lippenstift wohl doch kussecht.«

Drei Franzosen sprechen über die Bedeutung des Wortes Takt. Sagt der erste: »Wenn ich meine Frau im Bett mit einem anderen überrasche, dann nur flüstere ich nur: ›Verzeihung!‹ Das ist Takt.« Der zweite: »Nein, erst wenn du zu beiden sagst: ›Verzeihung, macht nur weiter!‹, dann ist das Takt.« Meint der dritte: »Auch nicht genug. Erst wenn ihr noch bleibt und beobachtet, wie die beiden weitermachen, dann seht ihr, was der Takt ist.«

Ein Voyeur geht ins Bordell, wo man gegen Preisaufschlag eine Videoaufzeichnung gemacht bekommen kann. Als er mit seiner Sondernummer fertig ist, hat der Recorder einen Defekt, und er kann sich die Aufnahme nur im Rückwärtsgang ansehen. Fragt ihn die Partnerin: »Na, was hat dir denn am besten gefallen?« – »Also, wenn ich ehrlich sein soll, am besten ist die Szene, wo du mir das Geld zurückgibst.«

W = Witwen

Eine Witwe hat bei der Partnervermittlung einen Mann kennengelernt und geht mit ihm ins Hotel: »Bitte das schönste Doppelzimmer für uns, zwei Nächte.« Der Empfangschef gratuliert dem Auserwählten: »Da haben Sie aber Glück, sonst nimmt sie immer nur das Zimmer für eine Stunde.«

Nach der Kennenlernparty im Seniorenklub verbringen zwei Verwitwete die Nacht zum ersten Mal gemeinsam im Bett. Sie sagt: »Liebling, kannst du nicht mal ...? « Er bleibt stumm. Eine Stunde später seufzt sie wieder: »Liebling, kannst nicht mal ...?« Erneut Schweigen. Als der Morgen graut, versucht sie es zum dritten Mal: »Liebling, kannst nicht mal ...?« – »Verdammt«, knurrt er. »Was willst du eigentlich?« – »Bitte«, fleht sie, »kannst du nicht mal eine Pause machen!«

Ein Freund aus der Jugendzeit besucht seine einstige große Liebe, die inzwischen verwitwet ist. Sie spielt, während man Erinnerungen austauscht, unablässig mit ihrer Katze. Schließlich fragt er: »Darf ich deine Muschi mal streicheln?« Sie: »Natürlich. Halt mal so lange die Katze, damit ich mich ausziehen kann.«

Eine Witwe gesteht ihrem Freund: »Weißt du, ich hatte in den vielen Jahren, die ich allein war, oft Lust, wieder zu heiraten.« Darauf er: »Mir geht es so ähnlich. Ich habe immer Durst, seit ich nicht mehr trinke.«

XYZ = Zoten

Zwei Penisse im Gespräch. »Hast du schon gehört? Die Krankenkasse zahlt jetzt für Viagra.« – »Hab ich mir gleich gedacht, dass sie uns nicht hängen lassen!«

Treffen sich zwei Kondome. »Mann, siehst du heute blass aus!« – »Ich war ja gestern auch ganz schön voll.«

Zwei Krankenschwestern im Pausenraum. »Ich glaube, der Typ in Zimmer 12 ist ein Säufer. Hast du nicht die roten Augen und die Knollnase bemerkt?« – »Stimmt, und sein Schwanz sieht aus wie ein Korkenzieher.«

»Gabi, wie nennst du dein Ding da unten?« – »Das ist mein zweiter Mund. Und wie heißt das Ding bei dir?« – »Das ist mein dritter Daumen.« – »Ach, lass uns doch gleich mal Daumenlutschen spielen.«

Klein Erna im Schlafzimmer der Eltern. Sie entdeckt: Der Vater hat unter der Bettdecke einen Ständer. »Was ist das, Papi?« – »Das ist ein Zirkuszelt, geh mal ins Bad und sag der Mami, dass ich aufgebaut habe, sie soll den Bären mitbringen.« Erna läuft zur Mutter. »Du, Mami, Papa hat das Zirkuszelt aufgebaut, du sollst den Bären mitbringen.« – »Sag Papa bitte, das geht heute nicht, der Bär hat Nasenbluten.« Erna kommt zurück: »Mama sagt, es geht heute nicht, der Bär hat Nasenbluten.« – »Na, geh noch mal zurück und sag ihr, sie soll schnell kommen und die Vorstellung wenigstens abblasen.«

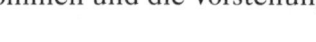

Eros im Bücherschrank

Mario Tauzin, 1928

Heimlich richtete sich einst der brave Familienvater im Bücherschrank ein Geheimfach ein für das, was beim Zensor auf dem Literatur-Index stand. Vorzugsweise im Schutz der Klassikerbände. Schöngeister und Sex? Unzüchtiges aus Dichters Hand? Gern haben sich unsere Altvorderen gesuhlt in solchen erotischen Fundstücken. Wohl wissend, dass die Verfasser im Bett auch nur Menschen waren.

∽৩৩৩৩৩

In medias res

Hinten im Winkel des Gartens, da stand ich, der
    letzte der Götter,
roh gebildet, und schlimm hatte die Zeit mich verletzt.
Kürbisranken schmiegten sich auf am veraltetem
    Stamme,
und schon krachte das Glied unter den Lasten
    der Frucht.
(...)
Nicht das Mädchen entsetzt sich vor mir und nicht
    die Matrone;
hässlich bin ich nicht mehr, bin ungeheuer nur stark.
Dafür soll dir denn auch halbfußlang die prächtige
    Rute
strotzen vom Mittel herauf, wenn es die Liebste
    gebeut,
soll das Glied nicht ermüden, als bis ihr die Dutzend
    Figuren
durch genossen, wie sie künstlich Philänis erfand.

Goethe, im besten Mannesalter, berauscht noch vom Sex mit einer Römerin namens Faustina auf seiner großen Italienreise, schrieb dies in seinen Römischen Elegien. Lustvoll bediente sich der lesende Bildungsbürger von anno dunnemals solch aufbauender Zitate aus der Feder von Poeten, Philosophen und Psychologen, bevor er – wie er als gelernter Lateiner zu sagen pflegte – in medias res ging: zur Sache. Ob im Ehebett, ob mit Handentspannung oder im Puff.

Wie solches Geschehen dichterisch veredelt der Mitwelt mitzuteilen sei, das wusste im zwölften Jahrhundert schon der anonym gebliebene Verfasser der Carmina Burana. Das Unschuldskind seufzt:

> Ich war einmal ein braves Mädchen,
> als ich noch Jungfrau war.
> Des Lobes voll war alle Welt,
> wie wurde ich gepriesen.
> Oje, oje,
> verdammte Linden dort am Weg!
>
> Einst wollt' ich in die Wiesen gehen,
> um Blumen dort zu pflücken,
> da wollt ein roher Flegel frech
> das Blümelein mir knicken.
> Oje, oje,
> verdammte Linden dort am Weg!
>
> Als er zu der Linde kam,
> sprach er: Lass dich nieder.

Liebe hat mich hart bedrängt,
treiben wir ein Spielchen!
Oje, oje,
verdammte Linden dort am Weg!

Er schob das Hemdlein mir hinauf,
entblößte meine Glieder,
erstürmte meine kleine Burg
mit aufgestelltem Spieß.
Oje, oje,
verdammte Linden dort am Weg!

Natürlich gingen nicht alle Poeten dieser frühen ka-
tholischen Jahrhunderte mit ihren Reimen gleich
aufs Ganze. Man konnte es auch gesitteter ausdrü-
cken. Etwa wie der Sänger Oswald von Wolkenstein
(1377–1445):

Wie fern ich bin, so nahet mir
inbrünstiglich dein stolzer Leib.
Vor Sehnsucht wächst mir die Begier –
mehr Freud denn alles gibst du, Weib.

Was ihm da sonst noch gewachsen ist, verschweigt des
Sängers Höflichkeit. Bis ins spätere Mittelalter griff
die hohe Poesie meist nur nach den Reizen des weiblichen Oberkörpers und drang nicht vor bis unter den
Keuschheitsgürtel.

Der Lyriker Johann Christian Günther (1695–1723)
beschreibt damaliges Petting so:

> Hier setze dich, verschämtes Kind;
> hier ist gut sein, hier lass uns bleiben,
> wo Lind' und West' gesprächig sind
> und Fels und Wald den Gram vertreiben.

> In dieser grünen Einsamkeit,
> wo Bach und Stein und Blätter rauschen,
> soll weder List, Gefahr noch Neid
> den Frühlingsscherz belauschen.

> Die Schätze deiner keuschen Zucht
> und der noch unberührten Brüste
> sind wahrlich eine seltne Frucht,
> nach der ich innerlich gelüste.

> Erschrick nicht vor der schnellen Hand
> und lass sie in dem Busen spielen;
> ich führe dich in einen Stand,
> des Lebens Kern und Mark genießen.

Heinrich Heine (1797–1856) endlich wusste sich reimsicher dorthin vorzuarbeiten, wo männliche Lust Erfüllung findet:

Fürwahr, der Leib des Weibes ist
das Hohelied der Lieder;
gar wunderbare Strophen sind
die schlanken, weißen Glieder.

O welche göttliche Idee
ist dieser Hals, der blanke,
worauf sich wiegt der kleine Kopf,
der lockige Hauptgedanke!

Der Brüstchen Rosenknospen sind
epigrammatisch gefeilet;
unsäglich entzückend ist die Zäsur,
die streng den Busen teilet.

Den plastischen Schöpfer offenbart
der Hüften Parallele;
der Zwischensatz mit dem Feigenblatt
ist auch eine schöne Stelle.

Teufel Eros

Jedoch: Nicht viele Zeitgenossen mochten sich freimütig zu solchen literarischen Tändeleien bekennen. Was deutsche Dichter leichthändig schrieben, ging deutschen Denkern oft zu weit. Georg Wilhelm Friedrich Hegel (1770–1831), der umschwärmte Philosoph jener Zeit, dozierte:

> Was ich von den Affären anderer Menschen mitbekommen habe, verleitet mich nicht gerade dazu, meinen diesbezüglichen Mangel an Erfahrung zu bedauern.
>
> Was sexuelle Beziehungen angeht, sollten wir bedenken, dass ein Mädchen, das sich dem Beischlaf hingibt, seine Ehre verliert. Bei Männern ist dies nicht der Fall, denn ihnen stehen jenseits der Familie noch andere Bereiche für ihre ethischen Aktivitäten offen.

Ethische Aktivitäten? Hegels Studenten mochten das auf ihre Weise entschlüsselt haben, am wenigsten wohl als einen Verweis auf Ersatzbefriedigung im Reich des Geistigen. Denn ein paar Jahrzehnte später giftet der Nihilist Friedrich Nietzsche (1844–1900):

> Der Teufel Eros ist allmählich den Menschen interessanter als alle Engel und Heiligen geworden.

Der Teufel im Lotterbett! Das hatten sie davon, die ungezogenen Jünglinge mit ihren frivolen Kneipenliedern. Die lüsternen Studenten, die mit ihren Wirtinnenversen auswiesen, dass ihnen die geistige Potenz in die Hose gegangen ist. Die braven bürgerlichen Familienväter, die in die Venusfalle der Bordells getappt waren. Und wenn man dem Psychoanalytiker Sigmund Freud (1856–1939) glauben will, schlich sich bei denjenigen, die es nun nicht mehr nur unter der Bettdecke trieben, sogar ein psychischer Schaden ein:

> Wahrscheinlich bleibt keinem Mann der Schrecken vor der Kastration beim Anblick weiblicher Genitalien erspart.

Doch aller Frust nimmt einmal ein Ende. Es kamen die goldenen zwanziger Jahre, und die deutschsprachigen Verleger, des kaiserlichen Zensors ledig, konnten ungestraft auch Unzüchtiges auf den Buchmarkt werfen. Freud- und frauenfeindlich postulierte Karl Kraus (1874–1936), der zungenfertige Satiriker aus der Wiener Kaffeehausszene:

> Eine Frau ist hin und wieder ein ganz praktischer Ersatz fürs Masturbieren.

Joachim Ringelnatz (1883–1934) dagegen, Kabarettist und Schriftsteller im schwülen Berliner Kabarettmilieu, sah sich beim weiblichen Geschlecht eher als Bittsteller:

Wie ich bettle und weine –
es ist lächerlich.
Schließe deine Beine!
Ich liebe dich.
Schließe deine Säume
oben und unten am Rock.
Was ich von dir träume,
träumt ein Bock.

Indessen setzte der Maler und Karikaturist George Grosz (1893–1959), dem seine Zeitgenossen so viele obszöne Sittenbilder verdankten, gleich einmal mit rohen Worten an zu gesamtgesellschaftlicher Kritik:

Die Menschen sind Schweine. Das Gerede von Ethik ist Betrug, bestimmt für die Dummen. Das Leben hat keinen Sinn als den, seinen Hunger nach Nahrung und Weibern zu befriedigen. Seele gibt es nicht. Hauptsache, man hat das Nötige.

Der Zürnende spricht von den Menschen und meint die Männer. Aber: Gab es nur männlichen Hunger nach Weibern? Gab es nicht auch ungestillte weibliche Lust auf Mann? Einer aus der Dichterszene wusste da offenbar schon besser Bescheid. Listig, wie es seine Art war, dichtete Christian Morgenstern (1871–1914):

Grausam schallt von Rom es her:
Expeditus ist nicht mehr!
Und da seine lieben Nonnen
längst dem Erdenball entronnen,
steht er da und sieht sich um
und die ganze Welt bleibt stumm.
Ich allein hier hoch im Norden
fühle mich von seinem Orden,
und mein Ketzergriffel schreibt:
Sanctus Expeditus – bleibt.
Einen güldnen Heiligenschein
geb ich ihm noch obendrein,
den sein Lächeln um ihn breitet,
wenn er durch die Lande schreitet.
Und um ihn in Engelswonnen
stell ich seine treuen Nonnen:
Mägdlein aus Italiens Auen,
himmlisch lieblich anzuschauen.
Eine aber macht, fürwahr;
eine lange Nase gar.
Just ins ›Bronzne Tor‹ hinein
Spannt sie ihr klein Fingerlein.

Ein Herr Voegelin

Von Bertolt Brecht (1898–1956), dem Dichter ohne Scheu vor Plagiatsvorwürfen, weiß man, dass er sich gern in der erotischen Fantasiewelt von Frau Wirtin nach Verwertbarem umsah. Und für sich in Anspruch nahm, er habe das Seinige hinzugetan. Welches Versgut von ihm stamme, hat er allerdings der Nachwelt nicht mitgeteilt. Einem Schelm, dem Freiherrn Beppo von Voegelin, gab das Gelegenheit, dem Verfasser des Stückes »Herr Puntila und sein Knecht Matti« die Urheberschaft an folgendem Text zuzuschreiben:

> Frau Wirtin hatte einen Knecht,
> der war von seltsam Zwiegeschlecht;
> er hatte Schwanz und Punze.
> Des Morgens stemmt er die Marie,
> des Abends stemmt ihn Kunze.

Nun ja, brechtsche Poesie ist das wohl nicht. Den Ursprung der Wirtinnenverse macht Voegelin indessen bei keinem Geringerem aus als bei Frau Wirtins hessischem Landsmann Johann Wolfgang Goethe. Der habe in früher Jugendzeit den Grundton angeschlagen mit der Strophe:

> Es steht ein Wirtshaus an der Lahn
> mit einer Wirtin wundersam. –
> Greift sie zu ihrer Leier,

so sitzen alle Gäste da
und kratzen sich die Eier.

Woher Voegelin das weiß? Der Chronist und Tritt-
brettfahrer zwischen Biedermeiers Bürgersalon und
studentischem Kneipendunst will geschnüffelt haben
in den hinterlassenen Manuskripten, Diarien und
Stammbüchern einstiger Edelfedern. »Frau Wirtin in
Klassikers Munde« heißt das kleine Privatdruckwerk,
in dem der Privatgelehrte Frau Wirtin als Urmutter
aller neun Musen ausmacht, als das ewig Weibliche,
das uns hinanzieht. Auf ihrem drallen, unversehrt über
die Jahrhunderte blühenden Leib trage sie das ehrliche, von unzähligen Händen gewebte Leinenhemd
des Volkes. Die dankbaren Dichter, die alle einmal an
ihren Quellen lagen, hätten es besetzt mit der kunst-
vollen Spitzenklöppelei eigener Strophen.

Ein Urteil, das nicht den Literaten zukommt, sondern dem Freiherrn fürs Verdrehen, Verkreuzen, Ver-
knüpfen, Verschlingen von literarischen Fäden. Zwei
Seiten nach Goethe präsentiert er Reime, die nach
Johann Peter Hebel (1760–1826) klängen, und ihm
schwant, dass Wirtinnenverse schon vor J.W.G. Volks-
gut gewesen sein könnten:

Frau Wirtin hatt' auch einen Hund,
der eine seltne Kunst verstund.
Er roch in allen Winkeln,
und wenn er eine Jungfrau fund,
so fing er an zu pinkeln.

Da lässt der Freiherr auch mal unangepasste Reim-
technik durchgehen. Wie bei Ludwig Uhland (1787
bis 1862):

> Frau Wirthin hat auch einen Reuther,
> der ritt auf ihr gar munter weiter.
> Hei heisassa juchhei!

> Von Nassau bis nach Soossen
> hat sie zurück gestoßen.
> Hei heisassa juchhei!

> Da kamen sie nach Franken,
> dort fing sie an zu wanken.
> Hei heisassa juchhei!

> Da kamen sie nach Schwaben,
> dort musst' er sie begraben.
> Hei heisassa juchhei!

Hier haben wir erst einmal das klassische Moritaten-
klischee: Das Happyend geht zu Lasten des Weiblichen. Dennoch gibt Beppo von Voegelin sich nicht
frauenfeindlich. Es kann auch umgekehrt kommen,
wie eine Strophe zeigt, die angeblich aus dem Fundus
des wegen Verbreitung unzüchtiger Schriften ver-
folgten Hermann Heinrich Gottlieb Conradi (1862 bis
1890) stammt:

Frau Wirtin hatte eine List,
mit der ein Mann sein Mannsein büßt:
Tief drinnen in der Schnalle
liegt tückisch immer schnappbereit
wohl eine Mausefalle.

Damit hier aber nicht gleich Freudsche Kastrationspanik ausbricht, zitiert der Sammler schnell noch ein paar potente Texte zugunsten der Männerwelt. Wie den folgenden, angeblich verfasst von Wilhelm Busch (1832–1908):

Frau Wirtin hatt' auch einen Sänger
dem wuchs der Schwanz zwei Klafter länger
als man gemeinhin zeige.
Und weil er so nicht solches konnt',
so spielte er drauf Geige.

Auch Justinius Kerner (1786–1819), Parteigänger der schwäbischen Dichterschule, soll Aufbauendes für die Machos von damals erarbeitet haben:

Frau Wirtin hatte einen Zecher,
der füllte oftmals ihren Becher,
wenn sie ihm Wein gestundet,
mit seinem starken Mannessaft,
wie hat ihr das gemundet!

Philänis vs. Frau Wirtin

Schöngeister und Sex? Spätestens an dieser Textstelle mag der naive Erwerber der Voegelinschen Klassiker-interpretation gemerkt haben, dass es sich um nichts anderes handelt als ironische Textspielereien, verfasst von einem Wilderer im Musentempel erotischer Poesie, der von der Romantik der blauen Blume unversehens auf ferkelndes Versgut schließt.

Da loben wir uns doch lieber unseren Olympier auf dem Weimarer Dichterthron. Nichts haben die Römischen Elegien mit Wirtinnenversen, nichts hat Philänis, die lesbische Griechin, mit Frau Wirtin, der nymphomanischen Puffmutter von der Lahn, zu tun. Und dennoch scheint es, als ob dem Verfasser aus tiefer Mannesbrust ein adäquater Seufzer entfährt:

(...) Schon fällt dein wollenes Kleidchen,
so wie der Freund es gelöst, faltig zum Boden hinab.
Eilig trägt er das Kind in leichter linnener Hülle,
wie es der Amme geziemt, scherzend aufs Lager hinan.
Ohne das seidne Gehäng und ohne gestickte
   Matratzen,
stehet es, zweien bequem, frei im weiten Gemach.
Nehme dann Jupiter mehr von seiner Juno, es lasse
wohler sich, wenn er es kann, ein Sterblicher sein.
Uns ergötzen die Freuden des echten nacketen Amors
und des geschaukelten Betts lieblicher, knarrender
   Ton.